智元微库
OPEN MIND

成 长 也 是 一 种 美 好

AI阅读力

解锁6大学习超能力

张 芳 / 著

人民邮电出版社

北京

图书在版编目（CIP）数据

AI 阅读力：解锁 6 大学习超能力 / 张芳著. -- 北京：人民邮电出版社，2025. -- ISBN 978-7-115-67691-7

Ⅰ．H09-39

中国国家版本馆 CIP 数据核字第 2025XK6715 号

◆ 著　　张　芳
　　责任编辑　刘艳静
　　责任印制　周昇亮

◆ 人民邮电出版社出版发行　　北京市丰台区成寿寺路 11 号
　　邮编 100164　电子邮件 315@ptpress.com.cn
　　网址 https://www.ptpress.com.cn
　　天津千鹤文化传播有限公司印刷

◆ 开本：880×1230　1/32
　　印张：8.875　　　　　　　　　　2025 年 9 月第 1 版
　　字数：205 千字　　　　　　　　2025 年 9 月天津第 1 次印刷

定　价：59.80 元

读者服务热线：（010）67630125　印装质量热线：（010）81055316
反盗版热线：（010）81055315

此书献给热爱阅读的灵魂

本书贡献者

（排名不分先后）

徐宏昌

奇趣读书阅读研究院院长，全国青少年文学系列课程教材主编，5部全国中小学生作文集主编，拥有近30年一线语文教学经验

谷华

石家庄市教育科学研究"十三五""十四五"规划课题评审专家，国家中小学智慧教育平台应用指导专家

王学荣

正高级教师，市管拔尖人才，"十百千人才工程"教育人才，获"中国教育报推动读书十大人物"提名奖，优秀阅读推广人

陶宁

石家庄市优秀教育管理者，语文学科名师，教育技术研究课题结题验收专家

冯静

高级教师，深耕基础教育领域

张巧红

上海市基础教育名师

本书是我的校友张芳过去十几年对如何提升孩子阅读兴趣和能力的研究与实践的最佳总结，书中介绍的方法都立足实操，拒绝"假大空"。相信本书一定能帮助家长、老师精选孩子喜欢且合适他们的书，最终引导孩子爱上读书，并通过读书快速成长，拥有幸福快乐。

周东生　中欧国际工商学院教授

这本书恰好戳中了无数家长在孩子阅读路上的痛点——选书难、坚持难、效果看不见。它最难得的是把"个性化"落到了实处：没有空泛的理论，全是能上手的办法，从选书到引导，句句都懂家长的焦虑，招招都为孩子的兴趣着想。

就像书中天乐的故事，让我们看到的那样：好的阅读引导从不是金钱和时间的堆砌，而是懂孩子、会引导。当家长掌握了这些方法，孩子自然会从"要我读"变成"我要读"，这才是阅读力最珍贵的起点。每一位想陪孩子爱上阅读的家长，都可以在这本书里找到属于自家孩子的那条路。

张晓楠　新东方直播间首席执行官

大多数人类文明都可以储存在书本当中，而了解它们就需要通过阅读来实现。

这本书结合了奇趣读书多年的成果，不单单从阅读兴趣、阅读能力等多方面帮助孩子们找到阅读的乐趣，更能帮他们增长阅读的能力。本书还阐述了 AI 在阅读当中的应用，帮助孩子们通过 AI 实现阅读能力的进阶，最终帮助他们成为想成为的最佳版本。

林子力　清华大学教育研究院教育博士、

清华大学研究生咨询委员会委员

本书为 AI 时代的阅读困境带来破局之道。书中聚焦认读感知、提取信息等 6 大阅读能力，既对标新课标，又融合了国际评价体系，再经一线教学验证，科学实用；丰富案例与实操方法，助教育者、家长和孩子高效应对海量信息，培养孩子从理解到迁移的综合能力。无论是亲子共读还是自主阅读，书中适配未来的阅读技能，都能助力孩子成为创新型人才。

张建生　北京海淀区工商联数智教育商会副秘书长

孩子的阅读兴趣需要被点燃，而不是被灌输。这本书倡导"从兴趣的种子开始培育"，引导家长和孩子共同探索阅读的乐趣，让阅读成为孩子自主成长的原动力。书中分享的案例让我们看到：个性化阅读方案，让每个孩子都能找到属于自己的阅读节奏！张老师深知每个孩子都是独一无二的，因此她在书中提供了大量个性化的阅读建议和方案。无论是听觉型、视觉型还是动觉型的孩子，都能在这本书中找到适合自己的阅读方法和技巧。AI 技术的引入，更是让个性化阅读方案如虎添翼，让孩子们的阅读之路更加顺畅和高效。

　　小小鹰萱妈　中国出版协会金牌阅读推广人、抖音教育达人

　　翻开本书，仿佛推开一座秘密花园的小门。

　　我见过太多在补习洪流里踮脚张望的家长——焦虑像夜雾，越花钱越浓。这本书递来一盏 AI 小灯：它替你在万书之林里"摘星"，让每本书恰好落在孩子的指尖；又给出 6 把成长钥匙——认读感知、提取信息、解释推断、分析归纳、评价鉴赏、联想迁移——只需每天半小时，便可层层解锁。

　　愿每位父母都能在这本轻盈又锋利的指南里，听见孩子心里的声音——从识字，到识世界；从读句，到读人心。

　　　　　　　　　　　　　　　麦麦妈　小红书头部育儿博主

点燃热爱，让孩子们都能
在书中遇见更好的自己

　　张芳老师的《AI 阅读力：解锁 6 大学习超能力》以扎实的方法，为我们提供了 AI 技术与阅读教育深度融合的解决方案。

　　书中揭示了阅读力的本质：它不仅是识字量和阅读量的积累，更是一种可拆解、可训练的综合能力。通过大量真实案例，如云南山区女孩阿花通过阅读改变命运的故事，阐明阅读力对孩子认知拓展、品格塑造乃至人生选择的深远影响。同时，它强调 AI 作为工具的价值——它能够精准匹配孩子的阅读需求并推荐书籍，陪伴孩子进行互动阅读，还能通过测评和分析帮助提升阅读效率。我们需要始终明确亲子陪伴才是阅读教育的核心，AI 只是使陪伴更具方向的工具。

　　针对家长的常见困惑，书中提供了具体的解决方案：对于阅读兴趣单一的孩子，倡导从兴趣出发拓展阅读领域，如从"恐龙书"延伸到自然科学类读物；针对不同学习类型（听觉型、视觉型、动觉型），设计了差异化的阅读引导方式，如为听觉型孩子推荐有声书，为动觉型孩子设计互动实验；分龄段给出策略，孩子 0 ~ 3 岁时侧重亲子共读和感官刺激，4 ~ 8 岁时聚焦高频识字，9 ~ 12 岁时则强调自主阅读与思维训练。此外，本书还包含利用 AI 生成识字计划、分析试卷等实操方法，让科技真正服务于阅读教育。

全书最珍贵的价值，在于将抽象的阅读力拆解为可培养的 6 大超能力：从基础的认读感知到高阶的评价鉴赏，每个能力模块都有与之配套的 AI 应用与家长实操方案。例如在对"联想迁移能力"的培养中，AI 会推荐跨学科主题阅读包，孩子在读完《昆虫记》后，可以自动关联生物学与文学进行对比分析。这种打破学科壁垒的设计，培养了未来人才所需的核心素养。

真正的阅读教育不在于技巧传授，而在于点燃孩子们的热爱。这本书没有说教式的理论堆砌，而是用 AI 这个新工具，帮孩子找回阅读最初的纯粹与快乐。当技术真正服务于人的成长时，阅读便不再是任务，而成为通向广阔世界的钥匙。这或许就是本书给予我们最重要的启示：在智能时代，保持对文字的敬畏，善用技术的力量，让每个孩子都能在书中遇见更好的自己。

李厚仪
北京四中原教学处主任、北京市西城区学科带头人

教会孩子正确阅读，
是最高效的育儿方法

1

因为工作性质的缘故，我能陪伴孩子的时间并不多，但我们的关系非常好，他各方面的表现也不错。朋友和读者经常问我，你有什么诀窍吗？

我认真想了想，秘诀应该是我选择在有限的时间里，把大部分精力都花在了引导孩子阅读这件事上！

孩子小时候，我们一起亲子共读。等他长大一些，开启自主阅读后，我转向和他阅读交流：碰上我们俩都看过的书，就互聊书中的人物、故事和感受等；如果是我没看过的书，我就极其认真地听他分享。在这个过程中，他的逻辑、表达和思考能力在不知不觉间飞速提升。

当时是恰巧为之，现在回头看，这是非常高效的育儿方式。每次说到这里，朋友们都觉得有道理，然后追问具体是怎么做的。

我总是要说上一大堆内容，但仍然觉得说不完，因为太细节也太琐碎了！直到遇见这本书，我内心很是激动，书中的内容比我能分享的更科学、更系统，而且都是手把手教授的、细致具体的做法，很具实操性。

2

和所有的养育环节一样，这本书告诉你，阅读也是分阶段进行的，每个阶段都有自己的任务，踩准节奏，事半功倍。

书里详细列出了 0 ~ 12 岁不同时期阅读的着力点：

3 岁前，要把绘本中的场景尽可能多地在生活中模拟呈现，这会很好地启发孩子的阅读兴趣。

4 ~ 6 岁，要在图文的阅读中开始有意识引导孩子对高频汉字的认知，很多爸妈就是因为不知道这一点，导致孩子没有基础的识字量，在读小学的前两年跟不上节奏。

7 ~ 8 岁，识字量猛增，要实现从桥梁书到文字书的过渡，由此孩子才算真正进入自主阅读。

…………

11 ~ 12 岁时，要强调有效阅读，孩子得带着问题思考，会标记关键词，才能在阅读考试中拿高分。

实用如说明书，这样的阅读指引能帮爸妈瞬间厘清思路，照做就是！

3

阅读培养思路清晰了，第二个要解决的难题就是给孩子选什么书！

是按照孩子的兴趣选，还是根据学校给的书单选，抑或是按照市面上根据年龄建议的书单选？

…………

其实都不对！书里给了明确答案：得根据孩子的阅读能力选！

越到高年级，孩子的阅读能力差别越大。同为四年级，有的孩子已经可以不费力地读完文学名著《骆驼祥子》《所罗门王的指环》；而有些孩子拿到厚厚的书却不知道如何开始、很是费力！

不匹配孩子阅读能力的书，每天都在消耗孩子的阅读时间。

为了给爸妈一个选书的精准抓手，书里把抽象的阅读力具体拆解为认读感知、提取信息、解释推断、分析归纳、评价鉴赏、联想迁移6大能力，并且分享了 AI 如何根据孩子的能力测评结果进行个性化诊断，提供精准的书单！

孩子行走在阅读之路上，选对书赢下一半。

4

和选书一样，孩子的个体差异如此之大，每个人的阅读方法和路径也会不同。

而这本书的最可贵之处在于，它给不同个体提供了针对性很强的阅读方案。不管家里的孩子是听觉型、视觉型还是动觉型，爸妈都能找到对应的提升其阅读能力的方法。

读到书里的这部分内容，我感触很深，它可以让爸妈的焦虑得到切实有效的安抚！我儿子就属于听觉型学习者，他很爱听音频，但我也会担心这会不会阻碍他阅读能力的发展，为此，我一度"逼"着他"看"书，不再让他"听"书……

但这本书却让我恍然大悟：面对不同学习类型的孩子，不应一味压制，而是要让其发挥所长。听觉型的孩子对声音敏感，擅长复述对话，那不妨多让他们参与角色扮演活动，在听和说中提升语言能力。另外，这类孩子在阅读时，爸妈要尽可能为他们创造没有听觉干扰的阅读环境。

与此同时，书里还分享了 7 个家庭在阅读路上遇到困难时的应对方法：

孩子作业量大，没有太多时间，如何保证每天阅读半小时？

孩子只爱看科普漫画书，不爱看文学经典，该怎么引导？

对于患有 ADHD 的孩子，如何采用动态阅读法有效帮到他？

…………

这些都能作为爸妈的参考，助力他们帮孩子找到专属的、最适合的阅读方法。

5

孩子阅读之路指向的终点不只是考试成绩，更是成为真正的"终身学习者"。

前几天，小区里的两个孩子因为一句玩笑话打了起来。回家后，儿子和我说："妈妈，这让我想起了英法之间的'胡子战争'。原本只是法国国王路易七世剃掉了胡子，妻子觉得他不如以前帅气，于是离婚改嫁，没想到这桩'小事'最终引发了战争。生活里好多事都是这样的，不起眼的小事最后变成大麻烦。"他接着说，"那句玩笑就像胡子，看似是导火索，但其实两人之间早有矛盾积压。"

儿子的这番见解让我很是触动，这就是深度阅读带来的成长。通过阅读，历史不再是枯燥的年表，而成为孩子观察现实的镜子；而文字中的思辨逐渐内化为孩子分析问题的框架。这种能力能帮助孩子突破认知局限，理解复杂世界的运行规律，在信息洪流中保持独立思考。

　　这本书就像贴心的向导，把"培养终身阅读者"的路径拆解成了可落地的步骤。跟着它走，我们就能帮孩子在阅读中慢慢培养出这些能力。

　　即便儿子马上六年级了，他有时候仍然会说："妈妈，来陪我一起看书呗！""行啊！"我总是爽快地答应。这些共读时光，不仅在加深我们的情感，也在编织着属于我们的共同回忆。

　　愿所有爸妈都能牵着孩子的手，踏上这段阅读之路。不用追求阅读速度，不用和别人比阅读数量，找到孩子自己的阅读节奏就好。慢慢地，他就能学会自己思考，对人对事更包容，遇到问题总能有办法。这，或许就是我们能给孩子的最好的礼物！

楼兰

儿童阅读推广人、公众号妈咪 OK 主理人

从戈壁到书海：当 AI 阅读力
成为孩子认知远征的北斗导航

作为中欧 EMBA（高级管理人员工商管理硕士）"奇趣读书"课题的指导老师，我见证了这一成果从商业构想落地为教育实践的完整闭环，深感欣慰。教育如戈壁徒步，需循规律、重耐力，而《AI 阅读力：解锁 6 大学习超能力》的诞生，恰似一队徒步者成功抵达目的地，踏实而有力。

书中的"阅读力六边形模型"让我眼前一亮：认读感知、提取信息、解释推断、分析归纳、评价鉴赏、联想迁移这 6 大核心能力，正如戈壁徒步中的导航工具与水袋，为孩子的阅读之路定向、赋能。该架构既呼应了教育心理学的理论框架，又通过 AI 技术实现了可量化、可追踪的落地路径，是中欧 EMBA 教育中"商业洞察与学术严谨性结合"的典范。

结合皮亚杰认知理论设计的 0 ～ 12 岁分龄段策略，如同戈壁中的补给点，让家长能按孩子的认知节奏循序渐进。从 0 ～ 3 岁的感知启蒙，到 4 ～ 6 岁的兴趣奠基，再到 7 ～ 8 岁的能力攻坚，直至 9 ～ 12 岁的思维提升，每个阶段都有科学的方法和合适的阅读材料，精准捕捉了儿童认知发展的核心需求。

而 AI 技术的应用（如精准选书、能力测评），则像徒步中的导航工具，让陪伴更有科学依据，避免家长在"高价课程"的沙漠中走弯路。这一技术赋能有效降低了教育服务的边际成本，形成"个性化教育规模化"的破局思路。

从商业维度看，项目通过社交平台积累了数万个家庭用户、年GMV（商品交易总额）达数千万元的成绩，验证了"个性化中文分级阅读"赛道的市场潜力；从社会价值看，让山区儿童与城市孩子共享优质阅读资源的实践，践行了教育公平的初心，这种"商业成功反哺教育普惠"的模式，为教育科技领域的创业者提供了宝贵参考。

天乐从抵触阅读到考出高分、棠棠因互动绘本立志北大的故事，最动人之处正在于它们共同证明了：好的阅读教育从不是盲目堆砌时间金钱，而是像穿越戈壁时那样——既有对规律的尊重（分阶段培养），又有对工具的善用（AI 赋能），更有对初心的坚守（亲子真诚陪伴）。

期待这本书能让更多家长明白：培养阅读力就像戈壁徒步，重要的不是速度，而是找对路径、稳步前行。愿更多孩子在阅读的戈壁上，走出属于自己的成长轨迹。

芮萌

中欧国际工商学院教授、德邦基金董事会独立董事、

"奇趣读书"课题组指导老师

让每个孩子找到专属阅读力
——写给所有期待孩子与书相遇的你

在云南山区的房屋前，我曾见过小女孩阿花在石头上读《格林童话》。她的手指划过泛黄的书页，眼睛却亮如星辰——那是文字为她打开的窗口，让闭塞的山区与广阔的世界悄然相连。这个场景像一颗种子，在我心中埋下了对阅读教育的深刻思考：当科技浪潮裹挟着海量信息涌来，当"如何让孩子爱上阅读"成为千万家庭的共同困惑，我们需要的不是千篇一律的书单，而是一把能打开每个孩子独特阅读世界之门的钥匙。带着这样的初心，我创立了"奇趣读书"这个项目，希望以我过去 20 年积累的教育实践经验与心理学洞察，为家长和孩子们做出一把打开阅读世界之门的钥匙。

走进现代家庭，不难发现，阅读焦虑如同无形的网。家长们忙着计算孩子"一年读了多少本书"，却常常忽略孩子在"读懂文字背后的情感""从复杂信息中提取关键线索"等核心能力上的成长。正是在这样的背景下，奇趣读书诞生了——我们深知，阅读不是机械的文字输入，而是需要构建多维能力的成长工程。孩子需要在阅读中培养 6 种核心能力（见图 0-1）：识别汉字构造的"认读感知能力"、快速捕捉关键信息的"提取信息能力"、推测故事走向的"解释推断能力"、梳理知识网络的"分析归纳能力"、赏析文字之美的"评价鉴赏能力"、将书中智慧转化为生活实践的"联想迁移能力"。只有把这些能力有机地结合起来，才能让阅读真正成为孩子认识世界的一扇门。

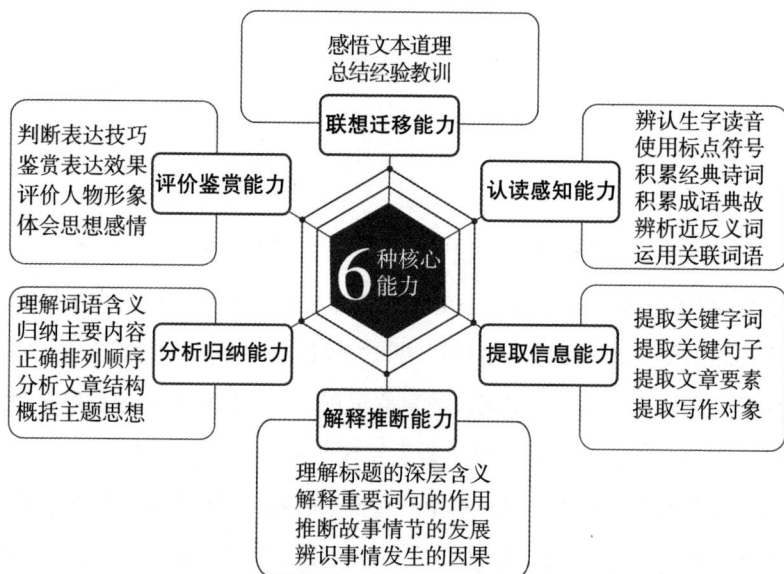

图 0-1　阅读的 6 种核心能力

记得有一次我和家长在线上沟通时，一位工程师父亲曾困惑："孩子只爱读与恐龙相关的书，其他书碰都不碰，怎么办？"这正是奇趣读书着力解决的问题，我们倡导"从兴趣的种子开始培育"。比如，有的孩子喜欢汽车，就可以从汽车百科出发，通过关联有关机械原理的书籍，最终自然拓展到更广阔的知识领域。我们建议家长不必强求

"全面开花"，不妨从孩子痴迷的那类书入手，用 AI 推荐与之相关的跨领域读物，让兴趣成为最好的引路人。比如，对于喜欢科幻故事的孩子，可以从阅读《三体》漫画版延伸到阅读天文科普读物；对于沉迷动物小说的孩子，不妨结合《昆虫记》观察真实世界的生态。阅读从来不是非此即彼的选择，而是像植物的根系一样，从某个点开始，向深处扎根，向四周伸展。

在奇趣读书的实践中，我们还发现了一个温暖的真理：最好的阅读引导，藏在生活的烟火气里。不必正襟危坐，厨房的案板旁、通勤的地铁上，都是亲子共读的好地方。曾有一位母亲告诉我，她和孩子在择菜时聊"美食中国图画书"系列里家乡的味道，在泡澡时讨论《海洋奇缘》中的洋流知识。这些带着生活温度的对话，让文字不再只是书本上的符号，而成为连接彼此的桥梁。我们鼓励家长成为"阅读合伙人"：与孩子轮流朗读，用便笺写下各自的感悟；一起制作"阅读心情日记"，记录那些被文字触动的瞬间；甚至借助 AI 生成个性化书单。不过，家长要永远记得，在共读时放下手机，专注地倾听，真诚地讨论，让阅读成为亲子间最温暖的互动。

当然，在这个技术赋能的时代，我们也始终提醒：工具是翅膀，不是枷锁。AI 不会替代父母的陪伴，而是让陪伴更有方向。

教育是慢的艺术，阅读更是一场没有终点的旅程。从学龄之初的阅读启蒙，到青春期的深度思辨，本书提供的方法贯穿孩子的 0 ~ 12 岁，但核心始终未变：让每个孩子在文字中看见自己，也看见更广阔的世界。

这本书不是答案，而是邀请：邀请家长与孩子一起，在共读中感受文字的温度，在 AI 的辅助下发现阅读的乐趣，在阅读能力的构建中看见成长的轨迹。愿每个孩子都能找到属于自己的阅读乐园，让那些在书中遇见的故事、懂得的道理、培养的能力，成为照亮他们一生的星光。毕竟，最好的阅读教育，从来不是教会孩子读多少书，而是让他们在文字中找到终身学习的乐趣，以及与世界对话的底气。

第1章　**阅读力让人保持好奇心**

第1节　AI 重新定义阅读：因材施教的个性化阅读　002

1. AI 助力选书：精准匹配需求，打破选书困境　003

2. AI 陪伴阅读：个性化阅读伙伴，让阅读更自主快乐　003

3. AI 互动阅读：深度交流与思辨培养　004

第2节　阅读力：未来的"超级通行证"　008

1. 阅读力是学习的必备能力　008

2. 阅读力帮助孩子学会更好地规划人生和职业选择　010

3. 更好地理解他人，建立有效的人际关系　011

4. 获取最新的知识和信息，拥有远见和判断力　012

第3节　从激发阅读兴趣到培养阅读能力　013

1. 发现孩子的阅读兴趣，建立阅读通道　013

2. 从泛读和速读开始，激发孩子的阅读兴趣　014

3. 深读、精读好内容，提升的不只是阅读力　015

4. 阅读力的培养，需要家校同频　016

5. 阅读助力自主创作　018

第 4 节　阅读是引领成长的原动力　　　　　　　　　019

　　1. 与书共情，探索未知的自己　　　　　　　　019

　　2. 好书树立良好的社交示范　　　　　　　　　021

　　3. 阅读让我们更关心社会　　　　　　　　　　021

　　4. 阅读滋养成长，照亮困境里的心灵　　　　　022

　　5. 与知识宇宙对话，拥抱世界，连接美妙未来　024

第 2 章　成为阅读"六边形战士"

第 1 节　无往不利的六边形超强阅读力　　　　　　026

　　1. 教育心理学奠基：认读感知的成长沃野　　　026

　　2. 了解孩子不同阶段的认知特点，更有效地提升阅读力　027

　　3. 多元协同共进，锻造六边形阅读超强战力　029

　　※ AI 应用　评估孩子的语文考卷及其阅读能力　031

第 2 节　认读感知能力：开启知识大门的钥匙　　　033

　　1. 轻松识字：享受文字游戏的乐趣，奠定阅读基础　034

　　2. 精准朗读：掌握语音语调，提升朗读表现力　035

　　3. 词汇宝库：揭秘词汇积累秘诀，丰富语言库　037

　　4. 成语探秘：深入解读成语，领略中华文化魅力　038

　　5. 近义词辨析：清晰辨识近义词，精准表达思想　040

　　6. 感知升级：提升文字感知力，深化阅读体验　041

　　※ AI 应用　生成详细的字形、字义解释和识字方法　043

第 3 节　提取信息能力：迅速锁定关键，掌握阅读主动权　044

　　1. 信息定位：高效策略助力，快速锁定目标信息　045

2. 字眼抓取：精准技巧在手，轻松提取关键信息 046

3. 文意整合：掌握方法，全面理解文章主旨 047

※ AI 应用 快速提取关键技术信息，针对性改进 049

第 4 节 解释推断能力：逻辑推理，预见故事发展 050

1. 方向初探：掌握技巧，初步判断故事走向 051

2. 意蕴深挖：深入剖析，领悟文章深层含义 051

3. 趋势前瞻：洞察未来，预见故事发展脉络 052

4. 逻辑分析：明晰思路，提升逻辑推理能力 053

※ AI 应用 "思辨力大闯关"，为成长注入理性 053

第 5 节 分析归纳能力：构建知识网络，有理有据 055

1. 文章解析：掌握文章架构，理解文章脉络 055

2. 段落要点捕捉：精准捕捉段落核心，提升阅读效率 056

3. 深层精神挖掘：深入剖析，领悟文章深层精神 057

4. 知识串联：巧妙串联知识点，构建知识网络 058

5. 难题攻克：实践技巧，攻克阅读难题 059

※ AI 应用 生成文章结构框架图，提升分析归纳能力 059

第 6 节 评价鉴赏能力：共情共鸣，提升审美品位 061

1. 角色洞察：洞悉人物性格 062

2. 情感共鸣：领悟文章主旨 063

3. 写作手法探讨：看懂作品的表现手法和表达效果 064

4. 鉴赏水平三阶要领，领略文学之美 065

※ AI 应用 理解作者的创作意图 067

第 7 节 联想迁移能力：想象无限，阅读融入生活 067

1. 从阅读中汲取生活智慧，体悟人生哲理 068

2. 实践智慧转化：将阅读所得转化为生活实践智慧　069

※　AI 应用　把名著变成"互动小剧场"　070

第3章　成为阅读高手，每个孩子都有不同的方法和路径

第 1 节　识别孩子所属学习类型　074

1. 听觉型学习者典型特征　075

2. 视觉型学习者典型特征　079

3. 动觉型学习者典型特征　084

第 2 节　不同学习类型孩子的阅读引导　090

1. 聆听世界：为听觉型孩子挑选书籍　090

2. 眼见为"识"：为视觉型孩子挑选书籍　092

3. 实践求知：为动觉型孩子挑选书籍　093

第 3 节　不同学习类型孩子的阅读空间打造　095

1. 创造无听觉干扰的简约阅读角落，让听觉型学习者更专注
于声音　096

2. 布置色彩丰富、光线充足的阅读空间，激发视觉型学习者
的创意思维　098

3. 设立可自由移动和探索的阅读区域，让动觉型
学习者在活动中学习　100

第 4 节　不同学习类型孩子的阅读活动设计　102

1. 让听觉型学习者在听和说中提升语言能力　103

2. 让视觉型学习者在观察和创造中提升审美和理解能力　106

　　　3. 让动觉型学习者在实践和体验中提升动手能力和

　　　　身体协调性　　　　　　　　　　　　　　　　110

　　※　AI 应用　让 AI 生成适合的阅读活动方案　　　115

第4章　阅读力启蒙，让孩子爱上文字和阅读

　第1节　0～3岁：进入文字世界的第一步　　　　　　118

　　　1. 父母的声音：孩子的第一本"书"　　　　　　　118

　　　2. 0～3岁阅读材料：简单、重复、有趣的选择　　119

　　　3. 把书中场景"搬到"现实生活中　　　　　　　　125

　　※　AI 应用　生成情景化识字任务周计划　　　　　127

　第2节　4～6岁：高频汉字识字，培养阅读兴趣　　　129

　　　1. 识字游戏：在游戏中体验学习汉字的乐趣　　　129

　　　2. 4～6岁阅读材料：图画与简单文字的结合　　132

　　　3. 4种实用的亲子阅读游戏　　　　　　　　　　134

　　　4. 引入科普读物，让孩子爱上科学　　　　　　　137

　　　5. 改编小剧本　　　　　　　　　　　　　　　　138

　　※　AI 应用　4～6岁孩子借助 AI 快速认识高频汉字　140

　　※　实际应用　输入孩子的年龄和识字目标，让 AI 设计识字

　　　　计划　　　　　　　　　　　　　　　　　　　142

　第3节　7～8岁：识字攻坚，为建造知识大厦稳固基石　143

　　　1. 高频汉字拼图卡片与拼组游戏　　　　　　　　144

　　　2. 汉字接龙，增加词汇量　　　　　　　　　　　146

　　　3. 以猜谜卡片激发孩子对汉字的兴趣　　　　　　148

4. 主题式阅读套餐，实现从绘本、桥梁书到文字书的

过渡　　151

5. 亲子阅读合伙人计划　　153

第5章　阅读力跃升，精通阅读策略与思维方式

第1节　9～10岁：沉浸式阅读，成就阅读小能手　　158

1. "时间沙漏"：让孩子实现沉浸式高效阅读　　159

2. 设定"书店探险日"，让孩子在书店自由探索　　162

3. "阅读心情日记"：记录自我成长的灵动瞬间　　167

第2节　11～12岁：自主阅读，融通形象与抽象　　170

1. 让孩子成为阅读世界的"发声者"　　170

2. 跨学科阅读套餐：搭建知识融通桥梁　　175

※　AI 应用　用 KIMI 和 Xmind 生成《诗经》中的植物的

思维导图　　178

3. 走向自然课堂：让阅读与自然联结　　182

第6章　阅读力进阶，提分提素养

第1节　通过有效阅读提高考试成绩　　192

1. 主动阅读：高考考高分，是因为平时带着问题去思考　　192

2. 关键词标记：快速回顾主旨和重点　　194

3. 间隔重复：以时间复利巩固记忆　　195

4. 小组学习：在知识的欢乐聚会中提高学习效率　　196

※ AI 应用　使用豆包分析考试题型和阅读材料　　196

第 2 节　通过阅读提升沟通和社交能力，让生活的色彩
　　　　更加丰富　　198

　1. 学学书里怎么跟人聊天更有效　　199

　2. 找个朋友或家人练练不同场景下的对话方式　　199

　3. 共情：学会情绪管理　　200

　4. 知礼不逾矩：在社交舞台大方得体　　201

　5. 从旁人的评价中提升改进自己　　201

　6. 模拟场景阅读，锻炼阅读理解和表达能力　　202

※ AI 应用　输入社交场景，让 AI 推荐相关阅读材料　　204

第 7 章　成为终身学习者，让阅读力持续生长

第 1 节　阅读，并非越多越好　　208

　1. 摒弃"阅读量至上"的观念　　208

　2. 阅读的"质"与"量"平衡　　209

　3. 深度阅读：提升思维的深度与广度　　212

第 2 节　阅读习惯：打破常规束缚　　215

　1. 打破固定阅读时间的限制　　215

　2. 走出舒适区，尝试不同类型的阅读　　217

　3. 互动式阅读：提升交流与表达能力　　218

第 3 节　阅读技巧：颠覆传统认知　　220

　1. 先读结论，逆向阅读　　220

　2. 摒弃逐字阅读，培养跳跃式阅读　　221

3. 视觉化阅读：提升记忆与想象能力　222

第 4 节　多元阅读：超越传统界限　224

1. 游戏化阅读：让阅读成为一种游戏　225

2. 跨媒介阅读：融合多种媒介资源　226

3. 沉浸式阅读：提升专注与感知能力　228

※ AI 应用　根据阅读偏好推荐跨领域阅读书籍　230

附 录　阅读路上不孤单：听 7 位家长讲孩子的阅读故事

访谈 1　半小时拉锯战，作业挤压下的碎片化阅读　234

访谈 2　科普漫画迷与文学经典派的博弈　236

访谈 3　中英文阅读失衡危机　238

访谈 4　男孩只喜欢读"恐龙书"吗　240

访谈 5　孩子模仿书中的危险情节　242

访谈 6　ADHD 儿童的动态阅读法　244

访谈 7　二宝难题：不同年龄段的共读策略　246

后记　与 AI 共生，培养未来不可或缺的新阅读力　249

参考文献　251

第 1 章

阅读力让人保持好奇心

一个小生命从呱呱坠地的那一刻起，便开始用耳朵倾听世界的声音；从眼睛能分辨色彩那一刻起，他就已开启阅读的奇妙旅程。小时候读卡片、绘本，长大后读各类书籍，每一次阅读都能让他学到新知识，帮助他的思维变得更成熟，也在他的脑海中构建起一个独一无二的精神世界。好奇心推动着他不断阅读，探索更多未知领域。一个人的阅读史，就是他精神世界从无到有的成长史。如今科技发展迅速，人工智能（Artificial Intelligence, AI）的出现，又会给我们的阅读和成长带来哪些新变化呢？

第 1 节

AI 重新定义阅读：因材施教的个性化阅读

在当今这个科技飞速发展的时代，AI 已经逐渐渗透到我们生活的方方面面，就连孩子们的阅读领域也不例外。AI 时代更要求孩子们有广博的知识、独立的思考、敏锐的思辨能力。会使用 AI，会辨析 AI 答案的科学性，将成为一种必要的能力。

对于家长们来说，语文学科的考查范围越来越广，试题难度也在提升，数学科目同样涉及语文阅读能力的考查，而且孩子在未来的职业发展中也需要通过阅读获取方法，因此孩子的阅读成长一直是家长关注的重点。毕竟阅读力在很大程度上等同于学习力，而因材施教是最直接有效的培养方式。AI 的出现让因材施教成为可能，不仅为孩子的阅读带来全新体验，更为他们的成长插上了无限可能的翅膀。

在培养阅读能力的实践中，家长们常面临三大难题：

一、书籍种类繁多，如何精准选书成为困扰；二、孩子难以坚持自主阅读，阅读书目和书籍难度不明确，导致阅读兴趣受挫；三、孩子偏爱简单有趣的"舒适区"书籍，阅读类型单一、知识面窄，影响知识储备，缺乏深度和思辨性。

针对这些痛点，AI 技术为我们提供了切实可行的解决方案。

1. AI 助力选书：精准匹配需求，打破选书困境

当家长们面对书店里琳琅满目的书籍，或者线上书城海量的图书资源时，是不是常常感到无从下手？到底哪本书才适合自己的孩子呢？

过去，选书可能更多地依赖于经验、他人推荐或随机尝试，选到的书可能并不完全符合孩子的需求，孩子对阅读的兴趣也难以被充分激发。

现在，AI 的出现很好地解决了这个难题。通过先进的算法和大数据分析，AI 能够精准地匹配孩子的阅读需求。比如，一些智能选书平台会让家长们填写孩子的年龄、性别、阅读偏好、阅读能力等信息。如果孩子喜欢科幻故事，并且阅读能力处于中等水平，AI 就能迅速从庞大的书库中筛选出适合这个年龄段、难度适中且充满科幻元素的书籍。

2. AI 陪伴阅读：个性化阅读伙伴，让阅读更自主快乐

每个家长都希望，孩子写完当天作业后可以进行自主阅读；可事实却是，家长买了很多书，孩子却不爱看。怎么才能让孩子主动去阅读，并能读得懂、读得快乐、读了会用呢？

这种情况下，AI 陪伴阅读就可以发挥其重要作用了。

AI 能够帮助构建沉浸式阅读场景。有些智能阅读设备能够模拟不同的声音和角色，为孩子生动地朗读故事。比如在朗读《小红帽》时，AI 可以用甜美的声音来演绎小红帽，用粗哑的声音来表现大灰狼，让故事生动立体，使孩子仿佛置身于故事之中，沉浸在阅读的乐趣里。

AI 能根据孩子的阅读进度和理解能力进行互动。孩子读完一段内容后，AI 可以提出一些问题，帮助孩子加深对故事的理解。例如，在读完《三只小猪》后，AI 可能会问："为什么第三只小猪的房子没有被大灰狼吹倒呢？"通过动态互动，引导孩子思考故事逻辑，培养孩子的阅读理解能力。

对于一些有阅读障碍的孩子，AI 还能提供个性化辅导。AI 阅读设备可以通过放慢阅读速度、解释疑难字词等手段，帮助孩子克服阅读障碍。它就像一个耐心的家庭教师，时刻陪伴在孩子身边，给予他们最需要的帮助。比如，乐心[①] 识字量较少，在阅读简单绘本时都存在困难。AI 阅读设备在朗读过程中，一旦遇到生字，便会自动暂停，详细讲解字的读音、含义，并通过简单的动画演示加深乐心的记忆。经过一段时间的练习，乐心的识字量明显增加，阅读能力也得到了显著提升。这样，即使家长们不在孩子身边，孩子也能享受高质量的阅读陪伴，在阅读中不断成长。

3. AI 互动阅读：深度交流与思辨培养

根据我们采集的大数据，小学三年级前的儿童普遍有良好的阅读

---

① 本文所出现人名，无特别交代及指向时，统一指向作者创立的奇趣读书的学员。

能力基础（见图 1-1），这主要得益于 3 ~ 6 岁阶段家长高频次的亲子共读陪伴。在早期阅读中，家长通过互动问答、情感交流等方式，帮助孩子建立起对文字的基础认知和理解。然而随着学龄增长，家长往往期望孩子从亲子共读逐步过渡到自主阅读，能够独立挖掘文本中的意趣与价值。但现实情况是，许多儿童在尚未具备成熟的自主阅读能力时，就因三年级后考题阅读量的骤然提升而陷入适应困境。这种能力衔接的断裂，导致部分孩子在面对突然增加的阅读任务时难以有效应对，进而出现学业表现下滑的情况（见图 1-2）。

某学校各年级测试数据

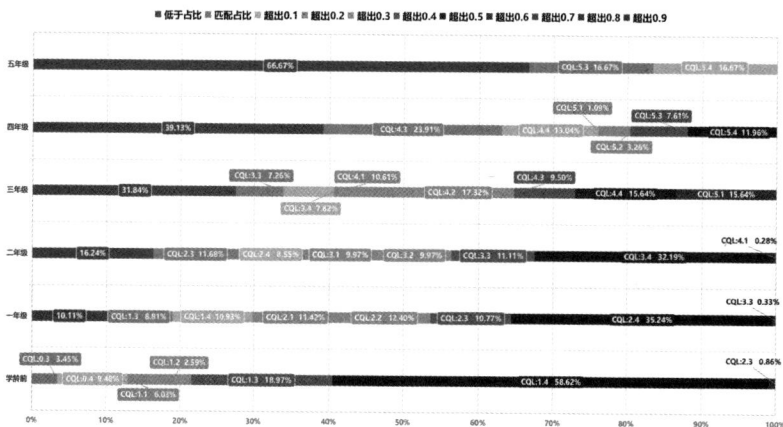

图 1-1　某学校各年级测试数据 [①]

---

① 图中 CQL 即中文读书能力奇趣值，是 Chinese Qiqu Level 的缩写，指中文读书能力等级，对标英语的蓝思值（LEXILE）。CQL 参考国际 STAR READING 阅读评价体系和国家教育部颁布的课程大纲标准，以识字量、识词量、阅读速度、文章的题材和体裁等元素为依据，将少年儿童在每个等级的读书能力水平划分为四个阶段。CQL 具体由 2 个数字和 1 个小数点组成，小数点前面代表的是等级，小数点后面代表的是阶段。例如 CQL 值 3.1，对应的是第三等级第一阶段的读书能力水平。

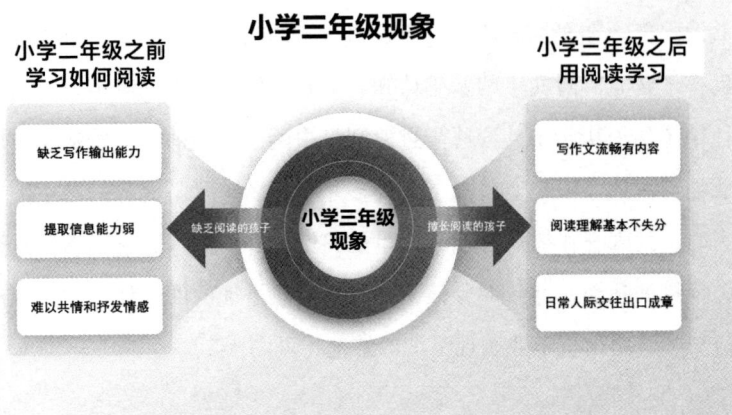

图 1-2　小学三年级现象

　　AI 互动阅读正成为儿童深度交流与思辨能力培养的新型方式，其价值在于以智能化方式延续早期亲子共读中的高质量互动。在未来的阅读教育场景中，人机交互将突破传统语言问答的单一模式——借助语音识别、情感计算、虚拟现实等多模态技术，AI 不仅能实现精准的语义理解，更可通过表情识别捕捉儿童的情绪波动，以拟人化的反馈机制构建情感共振的阅读体验。这种融合了认知引导与情感陪伴的交互形态，既为自主阅读能力尚在形成期的儿童提供持续的思维训练支撑，也预示着阅读教育从单向知识传递向多维情感联结的范式转型。随着个性化程度不断提高，AI 已经从单纯的知识型"伙伴"转变为情感化的"伙伴"。这意味着 AI 不仅能够提供学术知识，还能够识别学生的表情、语言、语气等，为他们提供情感支持和激励。[①]

①　赵国宏. AI 时代人机协同，共创个性化教育环境［J］. 中小学信息技术教育，2024，（8）：1.

借助 AI 技术，孩子可以与书中的角色进行互动。比如在阅读一本关于历史的书籍时，孩子可以通过语音与书中的历史人物进行对话。假设书中讲述了秦始皇统一六国的故事，孩子可以问："您为什么要统一度量衡呢？"AI 会根据其对历史知识的理解，从秦始皇的角度给出回答。这种互动方式让孩子不再只是被动地接受知识，而是主动地参与到知识的建构中。

同时，AI 还能组织线上的阅读讨论小组。来自不同地区的孩子们可以围绕同一本书展开讨论，分享自己的见解和感受。在一次关于《小王子》的线上讨论中，有的孩子认为小王子对玫瑰的感情是幼稚的，因为他不懂得如何表达爱；而有的孩子则觉得这份感情很纯真，正是因为年轻，才会有那些懵懂和误解。AI 适时抛出问题："那在你们的生活中，有没有类似小王子和玫瑰这样因为不懂表达而产生误会的经历？"通过这样的互动阅读，孩子的思维得到了极大的拓展，他们学会了从不同的角度去思考问题，提高了分析问题和解决问题的能力，这就是我们常说的思辨能力。

AI 为孩子们打造的阅读世界充满了新奇与惊喜，极大地丰富了他们的阅读生态。当孩子们借助 AI 精准找到心仪之书，在 AI 陪伴下沉浸于故事中，又通过 AI 与书中角色、其他读者深度交流时，一种至关重要的能力也在悄然成长，那便是阅读力。

阅读力，并非一个空洞的概念，它贯穿于孩子们阅读的每一处细节。从读懂文字背后的含义，到思考故事蕴含的道理，阅读力在 AI 赋能的阅读过程中被反复锻炼并得到提升。

阅读力不仅关乎孩子们当下阅读的质量，还是一种底层的能力，也可以说它约等于学习力，这种能力更深远地影响着他们未来的发展走向。顺着 AI 赋能阅读的奇妙之旅继续展开，我们将清晰地看到，阅读力正一步步演变为孩子们通往未来的"超级通行证"，使他们具备驾驭 AI 的能力、独立面向未来的能力，以及在更广阔的天地发挥关键作用的能力。

第 2 节

阅读力：未来的"超级通行证"

在这个信息如洪流奔涌的时代，阅读力于个人成长意义非凡。就其本质而言，阅读力其实是一种高效获取、有效理解信息的能力，这种能力会帮助我们在求学、职场等诸多场景游刃有余。

1. 阅读力是学习的必备能力

我始终相信书籍具有跨越山海的力量。2008 年 12 月，带着为山区孩子送去知识火种的使命，我来到了云南山区。连绵的高山、蜿蜒的山路、云雾缭绕的村寨，让我惊叹于大自然的鬼斧神工和人类适应、改造自然的能力。同时，当地孩子们匮乏的阅读资源也让我倍感揪心。就在这次公益活动中，我遇见了改变我对阅读意义认知的女孩阿花，她用自己的故事，诠释了阅读如何像一束光，穿透命运的阴霾，照亮人生的方向。

当阿花身着学士服站在北大博雅塔下时，她笑容里的自信与从容，让人很难将她与那个曾在云南山区穿着发白衣裳、踩着泥泞山路求学的小女孩联系起来。正是书籍，如同暗夜中的萤火，照亮了她走出大山的路，这也印证着阅读力如何成为改写命运、重塑人生的关键力量。

初见阿花，是在一间简陋的教室里，她那双明亮的眼睛格外引人注目。放学后，我跟着这个扎着马尾辫的女孩穿过蜿蜒山路，来到一间陈设简单的木屋。角落里那叠破旧的书籍，瞬间吸引了我的目光。"这些是我最宝贵的东西。"阿花羞涩地解释，这些书有的来自学校，有的来自爱心捐赠，还有的是从邻居家借来的。她对这些书视若珍宝，哪怕书页已经卷边，依然小心翼翼地翻阅。从《格林童话》里奇幻的城堡，到《名人传》中伟人的奋斗故事，这些文字如同魔法钥匙，为她打开了新世界的大门。

阿花读书的身影，成了山间最动人的风景。放学路上，她边走边默诵书中的情节；劳作间隙，她会坐在屋前的大石头上沉浸式阅读；夜晚昏黄的油灯下，她常常读到忘记时间。"每次看书，就像自己走出了大山。"她曾这样告诉我，眼中闪烁着憧憬的光芒。老师那句"只有读书才能改变命运"，被她刻进了心里，化作日复一日的坚持。这种坚持不仅体现在阅读上，更延伸到学习中——课堂上她永远是最积极的学生，课后主动请教问题，回到家再疲惫也要复习功课。渐渐地，她的成绩在年级里名列前茅，为梦想铺就了坚实的台阶。

再次相遇，阿花已是北大学子。谈及过往，她坦言图书馆是她中学时代最常去的地方。那些在书海中遨游的时光，不仅滋养了她的学识，更塑造了她的思维与眼界。阅读名人传记，让她懂得了坚持与奋斗的力量；涉猎各类书籍，帮她明晰了自己对学术探索的热爱。这份对阅读的执着，最终转化为推开名校大门的力量，也让她在人生的重要节点上，找到了清晰的方向。

　　阿花的故事，正是阅读力改变人生的生动注脚。阅读力不仅是获取知识的能力，更是帮助孩子塑造认知、锤炼品格、明晰方向的重要力量。通过阅读，孩子们能在名人的经历中汲取精神养分；在多元的知识领域里探索兴趣所在；在未来的人生道路上，做出更适合自己的选择，绽放属于自己的独特光芒。每一本书，都是点亮未来的火种；每一次阅读，都是对人生蓝图的精心勾勒。

2. 阅读力帮助孩子学会更好地规划人生和职业选择

　　在探寻孩子成长之道的过程中，我们不妨将目光投向古人的阅读智慧以及他们丰富的人生阅历，从中采撷启示，以找到契合孩子自身特点的发展路径。阅读力，正是让孩子脱颖而出，学会更好地规划人生和职业选择的关键。

　　我们翻开林语堂先生所著的《苏东坡传》，仿佛能透过那细腻而生动的笔触，亲眼见证苏东坡跌宕起伏却充满诗意的一生。他一生宦海浮沉，多次遭受贬谪，命运的重击如汹涌波涛般一次次向他袭来，但苏东坡始终以豁达乐观的心境应对，一句"莫听穿林打叶声，何妨吟啸且徐行"，尽显其洒脱。无论身处何方，他都心系百姓，将自己的才华与热情无私奉献给民众。孩子阅读这部传记，恰似穿越时空，与苏东坡一同经历人生的悲欢离合，深切领略其在逆境中不屈不挠的精神力量。这种精神，如同璀璨星光，不仅照亮孩子成长的道路，更让他们明白遭遇挫折是在生活中时有发生，积极乐观的心态才是战胜挫折的锐利武器。这份精神财富，会在孩子规划人生和职业选择时，赋予他们面对困难的勇气和坚定信念的力量。当孩子在未来的职业道路上遭遇困境时，便能想起苏东坡的豁达与坚韧，从而不轻易放弃，坚持追求自己的理想。

无论是匡衡凿壁，还是车胤囊萤，都闪耀着古人刻苦求学的精神光芒。通过阅读这类名人故事，孩子们能从榜样的身上汲取力量，树立远大的理想。阅读力，就这样在孩子成长的过程中发挥着潜移默化却又至关重要的作用。它让孩子在领略名人风采的过程中汲取精神力量，在阅读专业书籍时明晰人生方向，从而更好地规划人生和职业选择，在未来的人生道路上脱颖而出，绽放属于自己的光芒。

3. 更好地理解他人，建立有效的人际关系

在人生的旅程中，我们都在努力追寻与他人建立深厚且真挚的人际关系。而理解他人，无疑是构建美好人际关系的基石。但理解并非易事，它需要我们超越自我认知的局限，深入他人的内心世界，感受他们的喜怒哀乐、需求与渴望。在这一过程中，阅读发挥着不可忽视的重要作用。它如同一位无声的引路人，带领我们在理解他人的道路上不断前行，进而助力我们构建起有效的人际关系。

就拿文学作品来说，它宛如一面镜子，清晰地映照出人性的复杂性与多样性。通过阅读作品，我们能深刻理解不同人物在面对困境时的无奈与坚定，以及在追求生存和成功过程中的酸甜苦辣等。这种对人物内心世界的深度挖掘，让我们在现实生活中面对他人的行为和选择时，能够多一分理解和包容。我们不再轻易地对他人的行为做出片面的评判，而是尝试从他们的经历和处境出发，去探寻其行为背后的原因。

阅读不仅能帮助我们洞察人性、理解他人的行为动机，还能培养

我们的同理心，让我们真正站在他人的角度去感受和思考问题。通过阅读，我们不断锻炼自己的同理心，这使我们在现实生活中能够更加敏锐地感知他人的情绪变化。当朋友遇到困难时，我们不再只是简单地给予安慰，而是能够真正体会到他们的痛苦和无助，给予他们最需要的支持和帮助。

阅读不同文化背景的书籍，还能拓宽我们的视野。跨文化的阅读体验，使我们能够以更广阔的视角去理解不同文化背景下人们的行为和思考模式，与来自不同文化背景的人建立起更为深厚和真挚的友谊。阅读让我们更好地理解他人，也为我们构建有效的人际关系提供了坚实的基础。

4. 获取最新的知识和信息，拥有远见和判断力

阅读力穿透迷雾，为我们照亮获取最新知识和信息的航道，助力我们培养超前的见识与精准的判断力，让我们在广袤的人生海洋中稳健地破浪前行。

在科学的璀璨星空中，阅读是连接人类智慧与宇宙奥秘的桥梁。被誉为"宇宙之王"的斯蒂芬·霍金，每天都会花费大量时间沉浸在阅读中。他借助特殊的辅助设备，艰难地逐页翻阅那些深奥的书籍。每一个公式、每一段论述，他都要反复琢磨，在脑海中构建起复杂的宇宙模型。他深入研读爱因斯坦的《相对论》、狄拉克的《量子力学原理》等经典著作，同时密切关注着科学界最新的研究动态。对于科学界的每一次新发现、每一篇前沿论文，他都如获至宝，仔细研读。

正是这种对阅读的执着，让他的脑海中不断迸发出思维的火花。在研究黑洞的过程中，他从阅读的众多理论和研究成果中汲取灵感，

经过无数个日夜的思考与钻研，大胆地提出了霍金辐射理论。这一理论挑战了传统认知，为黑洞研究开辟了全新的方向。他的巨著《时间简史》，向世人阐述了宇宙的起源、黑洞的奥秘等高深的科学理论。这本书是他多年如一日坚持阅读、积累知识的成果，也让全球无数人得以领略宇宙的神奇与奥秘。

阅读力是助我们在知识海洋中遨游的桨、在见识天空中翱翔的翼、在判断力道路上前行的灯。让我们珍惜阅读、热爱阅读，不断提升阅读力，在知识的滋养下，拥有更加广阔的视野、更加超前的见识和更加精准的判断力，书写属于我们自己的精彩人生篇章。

第 3 节

从激发阅读兴趣到培养阅读能力

教育家苏霍姆林斯基曾写道，阅读既是思考的大船借以航行的帆，也是鼓帆前进的风。没有阅读，就既没有帆，也没有风。自主阅读就是独立地在知识的海洋里航行。我们的任务，就是让每一个孩子体会到这种航行带来的幸福，感到自己是一个敢于独自闯进无际的人类智慧海洋的勇士。从兴趣激发到能力培养，我们将一起探寻更多实用且有效的方法，陪伴孩子在阅读的航程中平稳前行。

1. 发现孩子的阅读兴趣，建立阅读通道

在小区的儿童游乐天地，阳阳总是活力满满，但一提到阅读，

他就没了精神。父母拿书给他，他没翻几页就走神，觉得阅读痛苦极了。

好在阳阳的妈妈很细心，她发现阳阳是个"小车迷"，他对路上的过往车辆格外关注，能准确说出汽车的品牌、型号和性能参数，家里更是堆满了玩具汽车。

妈妈意识到这也许是引导阳阳阅读的契机，便在网上、书店用心搜寻，找到了不少和汽车相关的书。起初，阳阳只是被书中的图片吸引，随意翻阅。妈妈并不着急，陪他阅读时，每当遇到有趣的知识点，就像好奇的孩子一样提问，激发他的求知欲。

随着阅读深入，阳阳发现书中的世界精彩纷呈。读有关汽车的故事书时，他仿佛置身其中，与主人公一起面对挑战，还明白了很多道理。

学校举办科技制作活动，阳阳打算结合书中的汽车动力知识，制作风力小车。制作过程困难重重，但他凭借书中知识，不断调整方案，反复试验。最终，他的风力小车在展示活动中表现出色，赢得老师和同学的称赞。

这次经历让阳阳对阅读的热情大增，涉猎的阅读领域也从汽车拓展到机械工程、物理等。阳阳的故事证明，父母只要找到孩子的兴趣点，选对书，耐心引导，就能帮孩子开启阅读大门，收获成长。

2. 从泛读和速读开始，激发孩子的阅读兴趣

浩宇是个活力满满的孩子，脑袋里奇思妙想不断。

一次，浩宇和爸爸妈妈去书店，在书架间找书时，被装帧精美的《三个火枪手》吸引了。翻了几页之后，书中紧张的情节与鲜活的人

物令他着了迷。可看到这本书有 800 多页，他又打起了退堂鼓。爸爸看穿了他的心思，教给了他泛读法和速读法。

浩宇先是浏览目录，得知故事围绕达达尼昂与三个火枪手展开，他们深陷宫廷斗争与江湖恩怨，这让浩宇兴奋不已。正式阅读时，他挺直腰背，眼睛快速扫过书页，着重留意人物、地名和故事脉络。遇到精彩或关键处，他会放慢速度品味；碰到难懂的内容，也不纠结，继续推进。

此后，浩宇每天坚持阅读，夜晚在台灯下全神贯注，周末午后在阳台躺椅上，于书中惬意徜徉。20 天后，他读完了这本巨著。合上书的瞬间，成就感油然而生，他仿若亲身历经了一场惊心动魄的冒险。

这次阅读让浩宇收获颇丰：知识方面，他了解了法国的宫廷文化、贵族生活及社会状况，明白火枪手需要具备多种能力；阅读能力上，他读书的速度大幅提高，这使他能在更短时间涉猎更多书籍；更重要的是，他深深体会到了阅读的魅力，对阅读的热爱愈发浓烈。

浩宇的故事启示我们，面对"大部头"书籍不必心生畏惧，掌握正确方法，持之以恒，就能开启知识宝库，在文学海洋遨游，不断成长进步。

3. 深读、精读好内容，提升的不只是阅读力

辰逸，2024 年某市文科状元，现就读于北京大学。他尤其热爱历史类书籍。战场上的金戈铁马和王朝的兴亡更替，都令他深深着迷。妈妈发现他的爱好后，引导他读金庸的武侠小说，进一步点燃其阅读热情。

高中时，辰逸凭借浓厚的兴趣与旺盛的求知欲，开始阅读加缪的

《鼠疫》《局外人》等哲理著作，探寻生命、人性与世界的奥秘。

阅读中，辰逸养成了诸多好习惯。他坚持深度思考，摒弃追求数量与速度的浮躁，注重精读佳作。他借助艾宾浩斯遗忘曲线，在读完书后的第1天、第3天、第7天、第15天等节点，重温重要内容以强化记忆。面对不同文本，他能灵活切换思维：读学术著作时严谨剖析逻辑，读文学作品时捕捉情感。为了沉浸式阅读，他还会创造安静的环境。

阅读彻底改变了辰逸。曾经思维混乱、表达欠佳的他，如今无论是日常交流还是写作，都能条理清晰、词汇丰富地表达想法。在学业上，阅读助力他在语文考试中精准理解字词、把握主旨、妙笔生花。他的作文常获阅卷老师赞赏。

辰逸对名著怀有敬畏之心，遇到难懂之处，就反复研读、查阅资料直至领悟。对于文言文和诗歌，他熟背课下注释，在考试中凭借扎实功底自信答题。

辰逸的故事激励着我们，表明深度阅读、精读佳作，能带来全方位素养的提升。在信息爆炸时代，我们应摒弃浅层的信息摄取，通过深度阅读与作者对话。

4. 阅读力的培养，需要家校同频

在南方，有个7岁的萌娃叫杨果果。学校老师为他定制的阅读计划，见证了他阅读力的成长。

起初，阅读对果果而言是一个艰巨的挑战——只要一提读书，他便满脸抗拒。父母看在眼里，满是无奈与焦虑，生怕他的阅读之路就此中断。

终于，父母等来了转机。老师结合果果的兴趣，精心挑选了 6 本书，希望借此提升他的阅读力。

老师在果果的成长中是明亮的指路灯。平时，老师凭借专业知识，洞悉低年级孩子认知规律与喜好，设计趣味课程；课堂上，老师绘声绘色地讲述，穿插互动游戏，传授阅读技巧，循循善诱，引导他探寻文字深意，鼓励他自信朗读；课后，老师精准发现他在阅读中的薄弱环节，给出个性化建议。

父母也是重要后盾。即便工作忙碌，他们每天也会安排亲子阅读时间。遇到生字词，父母耐心讲解；面对复杂句子，他们用生活智慧诠释，助力果果跨越阅读障碍。

短短两个月，果果发生了"脱胎换骨"的变化。曾经表达青涩、朗读无感情的他，如今能绘声绘色地讲故事，情感饱满地朗读。测评中，他的阅读成绩优异，从"小迷糊"逆袭成了"小学霸"。

更让人欣喜的是，果果对阅读的态度也转变了。他认真完成学校的作业，让自主阅读成为日常习惯。不论是清晨还是夜晚，他常主动翻开书本。妈妈为他的变化深感自豪。

果果的成长历程堪称一个励志故事——从最初对阅读的抗拒到如今的蜕变，不仅彰显了孩子在阅读领域的潜力，更体现了老师与父母在引导与共育中的重要作用。在孩子的成长路上，阅读力如同基石，支撑着认知与思维的发展。当孩子畏难退缩时，老师把专业和趣味化作星火，点燃他们对知识的渴望；父母则用耐心陪伴与温暖关爱，为孩子筑起阅读的避风港。家校携手共育，定能让孩子在阅读中茁壮成长，让阅读力如繁花般绽放。

5. 阅读助力自主创作

刚上小学时，阅读对悦萱而言，犹如迷雾笼罩的神秘森林，充满挑战。即便识字量渐长，她的阅读兴致仍然不高，一看到文字，她便想逃开。在学校的阅读分享会上，她只能羡慕地看着同学分享，自己却因没读完过一本书而无法开口。

悦萱的妈妈察觉到女儿的困扰，决心用爱与耐心开启她的阅读之门。一个温暖的午后，悦萱兴奋地拿着《查理和巧克力工厂》找到妈妈，嚷着还想看有趣的书。妈妈抓住时机，带她到书店的经典童话区。悦萱被《木偶奇遇记》吸引，妈妈坐下为她朗读，适时提问并引导思考。这次温馨的亲子共读，让悦萱感受到了阅读的乐趣。

随着时间推移，悦萱不再抵触阅读，但阅读范围仍然局限于童话故事。妈妈为帮她拓宽视野、汲取多元知识，带她走进儿童文学区。悦萱开始翻阅像《夏洛的网》这样的经典之作，她被书中夏洛与威尔伯的友谊深深打动。妈妈引导她把自己的感受写下来，锻炼了她的文字创作能力。

步入三年级后，悦萱开始对诗歌产生兴趣，妈妈就精心为她挑选了诗集。在静谧的夜晚，悦萱翻开诗集，感受诗歌给心灵带来的一次次触动。在此过程中，她的鉴赏能力也逐步提升。灵感降临时，她还会创作几首小诗；妈妈把她的诗作整理成册，给足鼓励。在妈妈的引导下，悦萱跨越创作难关，在诗歌领域找到了属于自己的天地。

在学校文艺活动的舞台上，悦萱开始展现风采。她朗诵自己创作的诗歌，落落大方，声音清脆，将听众带入诗意世界。课余，她绘声绘色地给同学讲故事，还将阅读与绘画结合，提升了自己的艺术创造力。

在妈妈的陪伴与引导下，悦萱从抗拒阅读到自主创作，迈出了一大步。阅读不仅丰富了她的内心，还助力她在阅读理解、文字表达、诗歌创作、朗诵、口头表达及艺术创造等多方面综合提升，成为多才多艺的"斜杠[①]少女"，让她的生活变得丰富多彩。

第 4 节

阅读是引领成长的原动力

在孩子成长的奇妙旅程中，父母怀揣着无限热忱，满心期待与孩子携手探索这广袤世界。但孩子的成长之路并非一帆风顺，迷茫与困惑也如影随形，它们就像重重的迷雾，将前行的道路遮蔽。在人生的迷航时刻，阅读宛如一座永不熄灭的灯塔，穿透重重迷雾，洒下温暖而明亮的光辉，为我们照亮前行的方向，给予我们乘风破浪的勇气。接下来，让我们一同探寻阅读是如何成为父母与孩子成长途中不可或缺的亲密伙伴的。

1. 与书共情，探索未知的自己

每一本书都是作者倾尽全力、毫无保留的心灵倾诉，仿佛一位跨越时空而来的知心老友，静静地坐在我们面前，开启一场触动灵魂的深度对话；又宛如一面神奇的镜子，能够映照出我们内心深处那些最

---

① 源自英文"slash"，代表一种多元身份和生活方式。——编者注

真实、最隐秘的角落。

当我们沉浸于书页间那些或跌宕起伏或温情脉脉的故事时，书中角色的种种经历，如他们的欢笑与泪水、挣扎与奋斗、成长与蜕变，就像一把把量身定制的精巧钥匙，轻轻一转，便能打开我们内心深处的大门，让尘封的情感奔涌而出。

对于孩子们而言，翻开那些经典之作，踏入童话世界，就像是开启了一场梦幻绮丽的冒险之旅，同时也是一场自我发现之旅。以《绿野仙踪》为例，平凡的多萝西被龙卷风卷入异世界，开启了寻找勇气、智慧、友爱和回家之路的冒险。孩子们跟随她的脚步，仿佛身临其境，感受着冒险带来的刺激与挑战。在这个过程中，他们会不自觉地反思自己面对困难时的态度，深刻领悟勇气与智慧的重要性。如此一来，当孩子在现实生活中进入新环境，学习遇到"拦路虎"，或者生活中遭遇小挫折时，便能鼓起勇气去探索未知的自己，勇敢地迈出成长的步伐。

父母阅读育儿书籍，则如同在茫茫大海中迷失方向时，幸运地发现了一张航海图，为育儿这艘"大船"指明了前行的方向。像备受推崇的《正面管教》，就细致入微地剖析了大量极具代表性、真实鲜活的亲子相处案例，涵盖了孩子日常的各种"调皮捣蛋"行为。父母们如果逐字逐句研读，对照自身过往面对孩子犯错时的种种反应，进行深刻而诚恳的反思，就一定能找到自己教育理念中的优势与短板；进而依据书中提供的科学方法与实用建议，调整教育策略，营造出更优质、更适合孩子成长的环境，帮助孩子实现自我成长与华丽蜕变。

2. 好书树立良好的社交示范

书籍是一座藏满奇珍异宝的心灵宝库，只要我们轻轻开启，便能突破时间与空间的束缚，深入那些性格迥异、背景多元的人物的内心世界，感受他们的喜怒哀乐、悲欢离合。

当孩子们翻开《夏洛的网》，便见证了蜘蛛夏洛与小猪威尔伯之间那段感人至深的友情。小猪威尔伯面临被宰杀的命运，夏洛挺身而出，用织网的方式拯救它。孩子们在阅读中被这份无私的友情深深触动，真切体会到真正的朋友会在危难时刻伸出援手。此后，在校园生活中，孩子们在与小伙伴相处时会懂得换位思考，以真诚和包容化解摩擦，不断提升人际交往能力。

父母阅读职场小说，如《杜拉拉升职记》，能了解职场的复杂人际关系。杜拉拉从职场新人成长为精英，其间与同事有协作也有竞争，与上级也在沟通磨合。父母阅读后，在面对孩子在校园中的人际困惑时，能凭借从书中汲取的经验，给出合理建议，帮助孩子应对校园人际挑战。同时，父母自身在处理日常社交事务时，也能运用书中技巧，营造和谐的家庭外部氛围，为孩子树立良好的社交示范。

3. 阅读让我们更关心社会

社会仿若一部包罗万象、深邃难懂的鸿篇巨制，而阅读恰恰是那把精准解密的万能钥匙。各类书籍如同闪耀的探照灯，照亮社会万象背后隐匿的运行规律与深刻本质。

历史类书籍带领我们穿越历史的长河，探寻往昔的奥秘。《林汉达中国历史故事集》用通俗易懂的语言，讲述了华夏历史中的王朝更迭、英雄事迹等。孩子们阅读后，能了解中国古代社会的等级制度，感受传统文化的传承，体会先辈的智慧与勇气。这让他们明白生活中的传统习俗、民族精神皆有历史渊源，进而树立文化自信，培养民族自豪感。

父母研读社会学著作，如《乡土中国》，能深入了解中国传统社会结构。面对孩子关于家乡变迁、城乡差异等方面的问题，父母可以结合书中理论，为孩子答疑解惑，引导他们客观看待社会变革。同时，父母关注社会热点，参与社区事务，也是在以身作则，向孩子传递积极的社会价值观，培养孩子的社会责任感。

4. 阅读滋养成长，照亮困境里的心灵

维尔是五年级的学生，父母常年在外务工，他与爷爷奶奶生活在并不宽敞的家中。因家庭贫困，他懂事早熟。2024 年 6 月，经过专业的阅读能力测评，我们发现他的阅读能力仅相当于四年级学生的水平，落后同龄人 9 个月。那时，他识字困难，拼音、标点、古诗和成语理解等方面都问题频出，对于文章分析更是无从下手。

但维尔对阅读充满热爱。定制的阅读规划开始后，他每天做完作业就投身书海。遇到难懂的字词，他就向爷爷奶奶请教或查阅字典。测评的老师为他定制专属书单，第一阶段的《蓝色的海豚岛》等书籍让他的阅读流畅度大幅提高，他还能与家人分享书中内容。

进入第二阶段，书单纳入《铁路边的孩子们》等经典书籍。这一轮阅读后，他的表达更有条理，能运用新学的成语和诗句，写作文也文思泉涌。9 月，维尔住校，他利用课余碎片时间阅读，周末与家人分享心得。老师再次调整书单，因为此时他的阅读能力已达到六年级水平。尽管仍会遇到理解难题，但他凭借不服输的精神努力克服。在

学校，他是"阅读新星"，在课堂上积极分享，阅读笔记见证了他的成长。他越来越自信，越来越爱分享，同学们都感觉他就是一个行走的图书馆。

家庭情况与维尔差不多的章宇性格内向，很少主动参与同学活动。刚上四年级时，他的阅读能力仅停留在三年级水平。识字量不足和科普文章中的复杂概念，让他阅读艰难。因内向的性格，他课间常独自坐在角落。

是阅读治愈了章宇的心灵。只要有时间，他就沉浸书中。外公外婆给予他生活照料和精神支持，老师则为他提供专业阅读指导，适时推荐《绿野仙踪》《爱丽丝梦游奇境》等适合他阅读的图书。读完《绿野仙踪》，他被多萝西的勇敢激励，迫不及待地与外公分享。随着阅读量增加，识字量上升，他已经能够快速而准确地提取科普文章中的关键信息了。

老师又给他推荐《时间简史：儿童版》《鲁滨孙漂流记》等。读完《鲁滨孙漂流记》，章宇在作文中展现出从书中汲取的力量，人也变得开朗自信，能主动与同学交流。升入五年级后，面对学业压力和住校生活，他利用课间、午休时间坚持阅读《三体》漫画版、《故宫里的大怪兽》等书。老师持续调整书单，为他的阅读保驾护航。

维尔与章宇虽曾身处困境，却凭借对阅读的热爱、家人的支持和老师的引导，实现了蜕变与成长。阅读不仅是他们的知识源泉，更是心灵慰藉，为他们驱散内心的阴霾。他们的经历证明，无论环境多么艰难，阅读总能滋养心灵、助力成长。展望未来，相信他们会在阅读中持续汲取力量，书写精彩人生。他们的故事也为更多面对相似困境的儿童点亮了希望灯塔——让阅读成为照亮成长之路的永恒光芒。

5. 与知识宇宙对话，拥抱世界，连接美妙未来

在这个充满变化的时代，我们需要通过阅读与知识宇宙对话，以应对未来挑战。

比尔·盖茨出生在书香家庭，从小就对家中书架上的各类书籍充满兴趣。少年时期，他痴迷于计算机科学，积累了扎实的专业知识。进入哈佛大学后，他利用丰富的图书馆资源广泛涉猎。家庭的支持让他有勇气辍学创业，最终开创科技帝国。阅读让他拥有广阔的视野和敏锐的洞察力，为他的成功奠定了基础。

另一位通过阅读拥抱世界的名人是 J. K. 罗琳。罗琳自幼便在书籍的滋养中成长，母亲对文学的热爱潜移默化地影响着她。年少时，她沉浸于《指环王》《纳尼亚传奇》等奇幻文学作品，书中瑰丽的魔法世界和跌宕起伏的情节，激发了她无穷的想象力与创作欲望。即便在人生陷入低谷，经历婚姻破裂、生活贫困等困境时，她也从未停止阅读与构思。在咖啡馆里写作《哈利·波特》期间，她不断阅读神话、历史、哲学等领域的书籍，为魔法世界搭建起宏大而严密的设定体系。正是经年累月的阅读积累，使她创作出风靡全球的魔幻文学巨著，不仅改变了自己的命运，更在全球范围内掀起了魔法热潮。

这些成功人士的故事深刻地告诉我们，他们的成功绝非偶然。在他们看似传奇的人生背后，是无数个日夜与书为伴的坚持，是在书海深处的不断探索、思考和积累。他们通过阅读，拓宽了视野，让自己的思维超越了时空的限制；他们培养了敏锐的洞察力，能够在纷繁复杂的世界中精准地捕捉市场的空白和机遇；他们塑造了独特的思维方式，敢于突破传统，勇于创新，以非凡的勇气和智慧引领时代的潮流。

第 2 章

成为阅读“六边形战士”

在阅读的世界里，单靠一种能力是远远不够的。要让孩子变成阅读的"六边形战士"，具备全面均衡的阅读力。在这一章中，我们将一起拆解阅读力是什么，以及看看怎么把孩子锻造成阅读"六边形战士"。

第1节

无往不利的六边形超强阅读力

当孩子开始识字、理解文字时，就意味着阅读能力的发展进入新阶段——从单纯认识文字，到理解文字背后的深层含义。这不仅是阅读方式的改变，更是思维方式的转变：从被动接收文字信息，到主动思考分析；从零散地记忆知识，到系统地构建知识体系。

那么，在阅读能力的培养中，关键要素是什么？又该如何把理论转化为实际方法，提升阅读能力呢？接下来，我们将从 6 个方面展开分析，探寻提升阅读能力的有效途径。

1. 教育心理学奠基：认读感知的成长沃野

教育心理学为阅读力的养成提供了深厚的理论根基，如同肥沃的土壤滋养着认读感知能力的成长。从感知觉发展来看，在孩子阅读初期，视觉和听觉感知起着关键作用。例如，幼儿通过视觉对文字符号的形状、大小、颜色等特征进行初步识别，听觉则助力语音语调的辨别。研究表明，丰富的视觉刺激，如色彩鲜艳、图文并茂的绘本，能够吸引幼儿的注意力，增强他们对文字的视觉感知。

在记忆方面，教育心理学中的记忆理论为阅读学习提供了方向。短时记忆向长时记忆的转化对阅读知识的积累至关重要。比如，通过重复阅读、理解性记忆等策略，可帮助孩子将阅读中的生字词、故事情节等信息从短时记忆转化为长时记忆。

此外，教育心理学强调学习动机对阅读行为的推动作用。内在动机，如对知识的好奇、对故事的喜爱，远比外在奖励更能持久地激发孩子的阅读兴趣。当孩子对某一主题——如太空探索——充满好奇时，会主动阅读相关书籍，这种积极主动的阅读态度有助于提升阅读效果。

2. 了解孩子不同阶段的认知特点，更有效地提升阅读力

在孩子的成长进程中，阅读是极为关键的一环，宛如一条贯穿始终的绚丽丝带，串联起各个认知发展阶段。巧妙顺应孩子不同时期独特的认知特性，精心布局阅读规划，能够为孩子的阅读能力装上强劲的助推器，引领他们在知识的浩渺天地中自由翱翔。

0 ~ 3 岁（感知运动阶段）：以简单、重复、有趣的材料开启阅读之窗。0 ~ 3 岁的孩子，处于感知运动阶段。此时，认读感知能力萌芽——孩子通过视觉、听觉初步识别文字符号，为"自动化提取语言要素"奠定基础。其思维主要以直观形象为主，注意力集中的时间较短，通常只有 3 到 5 分钟。因此，为他们挑选简单、重复、有趣的阅读材料至关重要。在这个过程中，孩子不仅能在玩乐中体会阅读的乐趣，逐渐对阅读产生亲近感，还能锻炼手部精细动作和观察力，为后续阅读能力的提升做好准备。这个时候很多家长已经开始亲子阅读。

　　4 ～ 6 岁（幼小衔接期）：借识字之梯，登阅读兴趣之峰。4 ～ 6 岁的孩子，正处于从幼儿园迈向小学低年级的过渡阶段，此时的识字核心是"兴趣导向的功能性识字"——通过生活场景与趣味活动，让孩子在感知文字用途的过程中积累 500 ～ 1000 个高频字（如绘本中的"爱""家"、生活标识里的"安""全""出""口"等），为自主阅读扫清基础障碍。此阶段的识字并非机械地死记硬背，而是要与"提取信息能力"的初步培养相结合。例如，让孩子在购物清单或广告彩页上找出"面""包"两个字，在完成任务的过程中训练"选择性注意"，体会"识字能解决实际问题"的道理。

　　7 ～ 8 岁（识字攻坚期）：识字攻坚，为建造知识大厦稳固基石。7 ～ 8 岁是阅读进阶关键期，识字需要从"零散积累"转向"系统掌握"，其核心是"工具性识字"：不仅要识别 1600 ～ 1800 个常用字，还要初步感知汉字构字规律，将识字转化为培养"认读感知能力"的基础，并衔接有关"分析归纳能力"的初步训练。在这个阶段，五大策略让识字有趣高效：制作色彩鲜艳的汉字拼图卡片，拆分部首笔画，结合配图例句帮助孩子掌握汉字；开展汉字接龙游戏，在亲子互动中锻炼反应力、扩充词汇并提升造句能力；利用猜谜卡片，将汉字结构与含义融入谜面，激发探索兴趣；围绕动物、自然等主题搭配绘本、桥梁书与文字书阅读套餐，助力过渡；实施亲子共读计划，每日 30 分钟，通过轮读、讨论与角色扮演，在互动中提升阅读能力。

　　9 ～ 10 岁（自主阅读黄金期）：开启自主阅读与逻辑提升的双引擎。9 ～ 10 岁的孩子，其认知发展步入具体运算阶段，逻辑思维开始崭露头角，识字量陡增到 3000 多字，进入自主阅读的黄金时期。这一阶段的核心目标是通过系统性阅读训练，同步强化"解释推断能力"与"分析归纳能力",让孩子从"能读"升级为"会思"。家长和老师可以引导孩子制订每周阅读计划,比如每周阅读一本小说或科普图书,每天安排 30 ~ 45 分钟的阅读时间。同时,鼓励孩子运用批注阅读法,在书页空白处写下自己的疑问、感悟和对精彩语句的赏析;借助思维导图梳理图书结构,以此提升阅读效率,深入领会书籍内涵。这也可以培养做笔记、做总结的好习惯,孩子的专注力、深入思考的能力得到了训练,阅读能力在自主探索中实现飞跃。

11 ~ 12 岁(能力分化关键期):迈向深度与迁移和拉开差距的关键时期。11 ~ 12 岁的孩子,即将步入青春期,认知水平向形式运算阶段过渡,自主阅读能力成为决定孩子成长差距的关键因素。这一阶段需重点提升"评价鉴赏能力"与"联想迁移能力",让阅读从"理解文本"延伸至"关照现实"。自主阅读能力强的孩子可以毫不费力地深入阅读、独立思考一些"大部头"经典著作,并会对知识进行迁移,将其运用于自己的学习和生活;但也有非常多的孩子很难完成整本书的阅读,尤其在阅读纯文字的书籍时,专注力很难保障,容易半途而废,更不要说深入思考书籍中的内容。所以,很多孩子出现了成绩忽高忽低的情况,特别是数学考试,考试时做错的题目,考完试再次读题就能做对,这其实是阅读力出了问题。

在这个时期,孩子的阅读范围应在进一步拓展的同时,追求深度与广度。在阅读过程中,可鼓励孩子开展主题阅读。

3. 多元协同共进,锻造六边形阅读超强战力

让我们正式定义一下什么是阅读力。

《义务教育语文课程标准(2022 年版)》明确提出,义务教育阶段

培养的核心素养包括文化自信、语言运用、思维能力、审美创造四个方面，并就识字与写字、阅读与鉴赏、表达与交流、梳理与探究做了学段要求。[①] 语文学科阅读能力对构成评价体系进行了延伸，包括信息提取、分析概括、领会理解、解释推断、发散拓展和批判赏析六个能力层级。[②]

综合以上文件，我们对阅读力进行了界定，具体包括认读感知、提取信息、解释推断、分析归纳、评价鉴赏和联想迁移"6 大能力"（见图 2-1）。这 6 大能力彼此交织、相辅相成，恰似稳固建筑的 6 大支柱，共同支撑起孩子阅读能力的坚实架构，助力他们在阅读的广阔天地中稳步前行，不断探索知识的宝藏。所有家长都认为阅读力很重要，但是对其的了解却不清晰。

6 大能力	学生认知特征	孩子思维品质	新课标任务群载体
认读感知	自动化提取	准确性	语言积累与梳理
提取信息	选择性注意	敏锐性	实用性阅读与交流
解释推断	结构化整合	系统性	思辨性阅读与表达
分析归纳	假设性建构	深刻性	文学阅读与创意表达
评价鉴赏	批判性反思	审辨性	整本书阅读
联想迁移	创造性转化	创新性	跨学科学习

图 2-1　阅读能力发展逻辑

认读感知能力：是对语言文字符号系统的基础解码能力，包括对

---

① 中华人民共和国教育部. 义务教育语文课程标准（2022 年版）[S]. 北京：北京师范大学出版社，2022：4-5.

② 张燕华，郑国民，关惠文. 初中生语文阅读能力表现研究 [J]. 教育学报，2015，（6）：83.

汉字形音义的关联识别、标点符号功能理解、文学常识积累等语言要素的自动化提取能力，是孩子阅读旅程的基石，恰似拔地而起的万丈高楼的稳固地基。

提取信息能力：从文本表层结构中快速定位关键信息（人物、时间、地点、事件等）的精准检索能力，帮助孩子建立文本要素的时空逻辑框架，使之迅速找到文中关键信息与阅读重点。

解释推断能力：通过比较、分类、排序等思维操作，对分散的信息进行结构化整合，提炼文本核心要义与逻辑关系的系统性思维能力，让孩子能够深入挖掘文章背后的深意。

分析归纳能力：基于语境线索和逻辑进行推理，揭示文本隐含意义、作者意图及因果关系的深层理解能力，包含填补文本空白的元认知策略，助力孩子将零散的文字信息构建成条理清晰的知识架构。

评价鉴赏能力：运用审美标准和文化立场对文本内容、形式及价值进行批判性反思的能力，涵盖语言艺术分析、文化价值判断、情感共鸣体验等维度，能提升孩子文学素养、审美鉴赏的能力。

联想迁移能力：将阅读所得用于解决新情境问题的创新能力，包括跨文本联结、跨学科应用、现实问题解决等创造性转化过程，能让孩子从阅读中汲取智慧，并运用到实际生活中。

为了帮助孩子锻造出六边形阅读超强战力，我们需要和专业老师紧密配合，采用多元协同的培养方式并善于利用现代教育技术。

AI 应用 评估孩子的语文考卷及其阅读能力

在孩子的语文学习旅程中，阅读能力至关重要。AI 能助力家长精准了解孩子的阅读水平，通过简单几步操作，就能获取专业评估结果。现在，我们一起来看看如何利用 AI 评估孩子语文考卷及其阅读能力。操作步骤及注意事项如下。

操作步骤

材料准备

- 用手机拍摄孩子语文试卷的试题（文言文、现代文、诗歌等）
- 确保图片清晰（建议使用扫描类 App）

进入 AI 入口

- 网页端：访问官网，选择"文档上传"功能
- App 端：找到对话框下方"文件上传"的选项

输入提示词（分段发送效果更佳）

▶ 发送第一段提示词：

请分析这份六年级语文试卷的阅读理解题答案，重点评估以下能力。

- 认读感知能力
- 提取信息能力
- 解释推断能力
- 分析归纳能力
- 评价鉴赏能力
- 联想迁移能力

（注：根据实际年级修改划线处）

▶ 发送第二段追问：

请生成结构化评估结果，要求包含以下内容。

- 各题型得分弱点雷达图
- 典型错题归因分析（示例："对议论文中的关联论据存在理解偏差"）

- 3 条具体提升建议（如说明文数据解读能力的训练方法）

注意事项

- 优先上传包含批改痕迹的试卷（AI 能通过错题标记更精准地定位问题）
- 附加说明孩子的特点，效果更佳（如"孩子常反映看不懂文言文的情感倾向"）
- 可追加提问（如"请针对第 3 题的错误设计 2 个同类强化练习题"）

通过 AI 的专业分析，您能清晰地知晓孩子阅读能力的优势与不足。依循生成的建议进行针对性提升，孩子的语文阅读水平必将稳步提高，孩子也将在语文学习的道路上大步迈进。

第 2 节

认读感知能力：开启知识大门的钥匙

在小朋友的成长旅程中，认读感知能力宛如一座明亮的灯塔，引领他们穿越知识的浩瀚海洋。这一能力要求小朋友能够正确使用标点符号、积累经典诗词和成语典故、辨别近反义词、辨认生字读音以及运用关联词语。它不仅是语言学习的基石，更是打开多元知识领域大门的关键钥匙。认读感知能力的培养并非一朝一夕之功，而是需要通过系统且富有趣味性的引导，在小朋友的心田种下知识的种子，让其生根发芽、苗壮成长。接下来，让我们一同深入探寻培养认读感知能力的奇妙路径。

1. 轻松识字：享受文字游戏的乐趣，奠定阅读基础

文字，是人类文明传承的重要载体。对于小朋友而言，识字过程应充满趣味与惊喜。轻松识字旨在通过各类妙趣横生的文字游戏，让小朋友在欢笑中与汉字亲密接触，自然而然地认识并记住这些神奇的符号。

（1）情境识字：在画面与文字的交织中遇见汉字

儿童绘本就像一座充满汉字宝藏的神奇城堡，每一页都藏着汉字与情境的美妙关联。比如，在阅读《猜猜我有多爱你》时，当小朋友看到大兔子和小兔子张开手臂比画"爱"的场景，书中反复出现的"爱"字便不再抽象。他们会发现，"爱"字上面的"⺈"像一双温柔的手，下面的"友"仿佛两个人相互依偎，结合画面中亲子间的温情互动，小朋友一下子就记住了这个充满温度的字。

（2）韵律识字：在朗朗读书声中感受汉字的节奏之美

儿歌和童谣是汉字的美妙旋律载体，它们的押韵和节奏能让汉字像跳动的音符般印入小朋友的脑海。比如传唱度极高的《静夜思》："床前明月光，疑是地上霜。举头望明月，低头思故乡。"小朋友在反复诵读时，会被"月""光""乡"等字的韵律吸引。这时可以引导他们观察："月"字像弯弯的月牙，"光"字上面的"⺌"仿佛闪烁的光芒，下面的"儿"如同承载光芒的物体。还有专门为识字设计的《汉字谣》："三人'众'，三木'森'；三人团结力量大，三木成林好遮

阴。"小朋友在念诵时，不仅能通过韵律记住"众""森"等会意字，还能理解汉字通过组合表达新意义的智慧。朗朗上口的韵律让汉字不再生硬，而是带着音乐的美感走进小朋友的记忆。

（3）互动识字：在共读与游戏中搭建认识汉字的桥梁

亲子共读或课堂阅读时的互动，是认识汉字的绝佳契机。家长或老师可以在阅读《小猪佩奇》系列绘本时，指着"笑"字问小朋友："你看佩奇脸上有什么？她是不是笑得很开心呀？"引导小朋友观察"笑"字上面的"竹"字头像弯弯的眉毛和眼睛，下面的"夭"像张开的嘴巴，结合佩奇笑眯眯的画面，小朋友就能轻松理解"笑"的含义并记住字形。还可以玩"书中寻宝"的游戏，让小朋友在读过的故事里找出之前学过的汉字，比如在《小红帽》中找"帽""狼""外婆"等字词，找到后奖励小贴纸；或者准备一些汉字卡片，对应书中出现的高频字，让小朋友在阅读时把卡片贴到相应的文字旁边。这种互动方式让小朋友在参与中主动关注汉字，不仅加深了他们对汉字的印象，还能让他们体会到在阅读中认识汉字的乐趣，让汉字真正成为他们阅读旅程中的好朋友。

2. 精准朗读：掌握语音语调，提升朗读表现力

朗读，是将无声的文字转化为富有生命力的有声语言的艺术。精准朗读不仅能帮助小朋友深入理解文字的内涵，更能让他们感受到文章中蕴含的丰富情感。

（1）拼音基础巩固：筑牢朗读的基石

拼音是朗读的基石，只有准确掌握拼音，才能正确读出汉字。在

学习拼音的过程中，发音的准确性至关重要。例如，"b"和"p"这两个声母，看似相似，实则发音方式截然不同。"b"是不送气音，发音时气流较为平缓；而"p"是送气音，发音时气流强劲有力。我们可以通过有趣的对比练习，如让小朋友吹纸条感受气流的变化，来帮助他们清晰地区分两者的发音。同时，大量的拼音拼读练习也是必不可少的。从简单的单韵母，如"a""o""e"，到复杂的复韵母，如"ai""ei""ao"，再到整体认读音节，如"zhi""chi""shi"，逐步提升小朋友的拼读能力，为朗读打下坚实的基础。

（2）语音语调训练：赋予文字情感的翅膀

不同的语音语调如同魔法棒，能够为文字赋予千变万化的情感色彩。在朗读时，引导小朋友根据文章的内容和情感基调，灵活调整语音语调，是提升朗读表现力的关键。比如，朗读欢快的儿歌时，语调可以轻快上扬，仿佛春天里欢快飞舞的小鸟，充满生机与活力；而朗读悲伤的故事时，语调则应低沉缓慢，如同秋日里飘落的树叶，带着淡淡的哀愁。通过模仿优秀的朗读作品，小朋友能够更加直观地感受语音语调的神奇变化。例如，朗读《春天在哪里》这首经典儿歌，在读到"春天在哪里呀，春天在哪里"时，语调可以俏皮地提高，表现出对春天的好奇与期待；在读到"这里有红花呀，这里有绿草"时，语调则可以稍作平稳，细腻地描绘出春天的美好景象，让听众仿佛身临其境。

（3）朗读技巧提升：雕琢朗读的艺术之美

除了语音语调，一些巧妙的朗读技巧能够进一步提升朗读的艺术感染力。适当的停顿就像音乐中的节拍，能够让听众更好地理解文章的层次和节奏。在句子中，主谓之间、动宾之间、修饰语与中心语之间等，都可以根据语义和表达需要进行适当的停顿。例如，"我 / 看见 / 一只小鸟 / 在天空中飞翔"，这样的停顿使得句子的结构更加清晰，语义更加明确。

重音的运用也是朗读中的一大亮点，通过强调某些关键词语，能够突出句子的重点和核心情感。比如 "我最喜欢的水果是苹果"，如果想要强调 "苹果"，就将重音放在 "苹果" 上，让听众更加清晰地感受到说话者对苹果的喜爱之情。通过不断地练习这些朗读技巧，小朋友的朗读表现力将得到显著提升，他们的朗读将如同一首优美的乐章，扣人心弦。

3. 词汇宝库：揭秘词汇积累秘诀，丰富语言库

丰富的词汇量是小朋友语言表达的源泉，拥有一个充实的词汇宝库，他们才能在语言的世界里自由翱翔，更加准确、生动地表达自己的想法和感受。

（1）生活中的词汇积累：在生活中捕捉词汇精灵

生活是一座取之不尽、用之不竭的词汇宝库。在日常生活中，引导小朋友用心观察周围的事物，并学习与之相关的词汇，就如同在生活的花园里采集绚丽的花朵。比如，当我们在公园里漫步时，看到五彩斑斓的花朵竞相绽放，可以教小朋友认识 "鲜艳" "芬芳" "盛开" 等词汇，让他们用这些词汇描绘花朵的美丽与迷人；在超市里，面对琳琅满目的商品，可以引导小朋友用 "丰富" "多样" "摆放整齐" 等词汇来形容眼前的景象。通过将词汇与实际生活场景紧密联系起来，小朋友能够更加深刻地理解词汇的含义，记忆也会更加牢固。

（2）阅读中的词汇积累：在书海畅游中收集词汇珍宝

阅读是积累词汇的重要途径，一本本优秀的图书就像浩瀚的海洋，蕴藏着无数珍贵的词汇珍宝。在阅读故事书、绘本等各类读物时，鼓励小朋友在遇到不认识的词汇时，主动通过查字典或向家长、老师请教的方式了解其含义，并将这些词汇精心记录下来，如同收集闪闪发光的宝石。例如，在阅读经典故事《小红帽》时，小朋友可能会遇到"小心翼翼"这个词。通过仔细阅读故事内容，他们能够理解小红帽去外婆家时，为了不被大灰狼发现，每一步都走得非常谨慎，从而深刻记住"小心翼翼"所表达的是做事谨慎的意思。同时，引导小朋友模仿书中的句子进行造句，将所学词汇运用到实际表达中，能够进一步加深他们对词汇的理解和运用能力。

（3）游戏中的词汇积累：在欢乐游戏中扩充词汇

词汇游戏是小朋友扩充词汇量的有趣方式，它让学习变得轻松愉快。"词语接龙"游戏就像一场充满挑战的接力赛，用上一个词语的最后一个字作为下一个词语的第一个字，依次接龙，如"天空""空气""气球""球场"等。在这个过程中，小朋友的思维得到锻炼，词汇量也在不知不觉中不断增加。"猜词语"游戏同样充满趣味，具体做法是通过生动的描述让小朋友猜出对应的词语。比如，通过"一种在天上飞的交通工具、很大、能载很多人"的描述，小朋友便能迅速猜出对应的词语是"飞机"。这些游戏不仅能够激发小朋友学习词汇的积极性，还能让他们在欢乐的氛围中不断扩充自己的词汇。

4. 成语探秘：深入解读成语，领略中华文化魅力

成语，作为中华文化的璀璨明珠，以其简洁而富有深意的表达方

式，承载着中华民族数千年的智慧与文化。深入解读成语，能让小朋友在感受语言魅力的同时，领略中华文化的博大精深。

（1）成语故事讲解：开启成语背后的历史之门

每个成语都宛如一颗璀璨的星星，背后都隐藏着一个生动有趣的故事。这些故事就像一把把钥匙，能够打开小朋友理解成语含义的大门。比如"守株待兔"这个成语，它讲述了一个农夫偶然捡到一只撞死在树桩上的兔子，从此便异想天开，每天守在树桩旁等待兔子再次出现，结果荒废了自己的农田。小朋友听完这个故事，便能深刻理解"守株待兔"所比喻的不主动努力，心存侥幸，希望得到意外收获的含义。通过生动的故事讲解，成语不再是抽象的词语，而是一幅幅鲜活的画卷，展现在小朋友眼前。

（2）成语含义剖析：挖掘成语蕴含的智慧宝藏

在了解成语故事之后，深入剖析成语的含义，如同挖掘蕴含无尽智慧的宝藏。有些成语的含义较为直观，如"一心一意"，简洁明了地表示专注地做一件事情。而有些成语的含义则需要我们进一步深入探究，如"滥竽充数"，原指不会吹竽的人混在吹竽的队伍里充数，如今多用来比喻没有真才实学的人混在内行人之中，以次充好。通过详细而深入的剖析，小朋友能够准确把握成语的丰富内涵，在使用成语时能够更加得心应手。

（3）成语运用实践：让成语在生活中绽放光彩

学习成语的最终目的是能够在实际生活中灵活运用，让成语为我们的语言表达增添光彩。鼓励小朋友在日常生活和写作中积极运用成语，将所学知识转化为实际能力。比如，当描述一个人学习认真时，可以用"专心致志"；当形容春天的美景时，可以用"花红柳绿""万紫千红"等成语。通过实际运用，小朋友不仅能够更好地掌握成语，还能让自己的语言表达更加生动形象、富有感染力，仿佛为文字披上了一层绚丽的外衣。

5. 近义词辨析：清晰辨识近义词，精准表达思想

近义词在汉语的词汇海洋中大量存在，它们如同亲密的伙伴，虽然意思相近，但又各有微妙之处。清晰辨识近义词，能够帮助小朋友在表达思想时更加精准、细腻。

（1）词义细微差别：洞察近义词的微妙不同

近义词虽然在大致意义上相近，但在词义的细微之处往往存在着明显的差别。例如，"美丽"和"漂亮"都用于形容人或事物好看，但"美丽"更侧重于内在的气质和整体的美感，它所传达的美是一种深层次、全方位的美；而"漂亮"则更强调外表好看，更注重外在的视觉效果。我们可以通过具体的例子分析，如在描述一位气质高雅、举止端庄的女性时，用"美丽"更为贴切；而描述一个穿着时尚、面容姣好的小女孩时，"漂亮"则更能准确地表达其特点。这样的对比分析，让小朋友能够敏锐地洞察近义词之间的微妙差别。

（2）语境运用区别：把握近义词的使用情境

近义词在不同的语境中有着不同的运用方式。以"发现"和"发明"为例，"发现"是指经过深入的研究、探索等活动，看到或找到前人未曾发现的事物或规律，如"科学家发现了一颗新的行星"，这里强调的是对已经存在但未被知晓的事物的揭示；"发明"则是指创

造出从前没有的事物或方法，如 "爱迪生发明了电灯"，突出的是从无到有的创造过程。通过具体的语境示例，让小朋友清晰地理解在不同的情境下，应该如何准确地选择和使用近义词，从而使自己的表达更加恰当、准确。

（3）辨析练习强化：在实践中提升辨析能力

为了让小朋友更好地辨析近义词，大量的辨析练习是必不可少的。可以通过设计各种形式的练习题，如填空、选择等，让小朋友在实践中不断加深对近义词的理解和运用能力。例如，请在括号里填上合适的近义词，"小明（　）了一道数学难题。（发现 / 解决）"。通过这样的练习，引导小朋友思考每个近义词在具体语境中的适用性，进一步提升他们的近义词辨析能力，使他们在语言表达中能够更加精准地选择词语，准确传达自己的思想。

6. 感知升级：提升文字感知力，深化阅读体验

文字感知力是小朋友对文字所传达的情感、意境等的敏锐感受能力，它如同心灵的触角，能够让小朋友深入文字的世界，感受其独特的魅力，深化阅读体验。

（1）情感体会引导：触摸文字背后的情感脉搏

在阅读文章时，引导小朋友用心体会作者所表达的情感，就如同让他们与作者进行一场心灵的对话。比如，在阅读一篇描写亲情的文章时，让小朋友从字里行间中去感受文中父母对孩子无微不至的关爱，以及孩子对父母深深的感恩之情。我们可以通过提问的方式，如 "你从哪些地方感受到了妈妈对孩子的爱？" "孩子的哪些举动体现了

他对父母的孝顺？"引导小朋友仔细研读文章，在具体的语句和细节中捕捉情感的线索，从而深刻体会文字背后所蕴含的真挚情感。

（2）意境想象激发：用文字描绘绚丽的画面

许多优秀的文学作品都描绘了优美动人的意境，能够激发小朋友的意境想象能力，让他们仿佛置身于作品所描绘的世界中，更加深入地理解文章的内涵。例如，在阅读古诗《望庐山瀑布》时，可以引导小朋友闭上眼睛，想象"飞流直下三千尺，疑是银河落九天"所描绘的壮观景象，让他们仿佛看到那气势磅礴的瀑布从高高的山上奔腾而下，如银河倾泻，水花飞溅，轰鸣声震耳欲聋。通过这样的想象，小朋友能够更加真切地感受到该诗所营造的雄伟意境，提升对文字的感知力，体会到文学作品的独特魅力。

（3）阅读分享交流：拓展文字感知的多元视角

阅读分享交流活动能够为小朋友提供一个相互学习、相互启发的平台，让他们从不同的角度去理解文章，进一步提升文字感知力。可以组织小朋友开展阅读分享会，让他们分享自己阅读某篇文章后的独特感受和体会。比如，读完《小王子》这本书后，有的小朋友可能对小王子与狐狸之间纯真而深厚的友情印象深刻，从中学到了关于友谊的珍贵品质；有的小朋友则对书中关于成长和情感的深刻思考有自己独特的见解，感受到了成长过程中的迷茫与坚定。通过交流分享，小朋友们能够拓宽自己的思维视野，从他人的观点中获得新的启发，对文字的感知也会更加敏锐、多元。

AI 应用　生成详细的字形、字义解释和识字方法

通过输入特定提示词，AI 可详细剖析字形、阐释字义，还能提供巧妙识字的方法。

- 字形解释

基础字形分析：输入 "分析【具体汉字】的字形结构"，比如 "分析 '休' 字的字形结构"，AI 会解释 "休" 是会意字，由 "人" 和 "木" 组成，人靠在树上表示休息，生动展现字形与意义的关联，助你理解记忆。

相似字形辨析：当遇到易混淆的字时，输入 "对比【相似汉字 1】和【相似汉字 2】的字形"，如 "对比 '已' '己' '巳' 的字形"，AI 会指出 "已" 半开口，"己" 全开口，"巳" 封闭，通过特征对比，帮你精准区分。

字形演变查询：若想了解汉字的历史演变，输入 "【具体汉字】的字形演变过程"，以 "马" 字为例，AI 会展示其从甲骨文到现代汉字的变化，让你直观感受汉字的发展脉络，加深对字形的理解。

- 字义解释

单字基本义与引申义：输入 "【具体汉字】的字义"，像 "道" 字，AI 不仅给出 "道路" 这一基本义，还列举 "途径、方法" "道理、规律" 等引申义，并阐述其演变逻辑，助你全面掌握字义。

字词在语境中的含义：对于理解词语、句子中汉字的意思，输入 "【包含该字的词语 / 句子】中【具体汉字】的含义"，如 "'沛公军霸上' 中 '军' 的含义"，AI 会结合语境，说明此处的 "军" 是 "驻军、驻扎" 的意思，提升你对语境中汉字含义的理解能力。

汉字在不同领域的含义：当想知道特定领域中汉字的特殊含义时，输入"【具体汉字】在【领域名称】中的含义"，例如"'气'在中医领域中的含义"，AI会解释中医里"气"是构成人体和维持生命活动的基本物质，有推动、温煦等作用，拓展你对汉字含义的认知范围。

- 识字方法

字源识字法：输入"用【具体汉字】的字源讲解识字方法"，如"用'日'字的字源讲解识字方法"，AI会讲述"日"字源于象形，像太阳的形状，帮助你从字源角度理解记忆，增强识字效果。

联想记忆法：希望通过联想辅助识字，则输入"为【具体汉字】提供联想记忆方法"，对于"伞"字，AI可能会引导你联想生活中伞打开的形状，"伞"字的字形像"人"字下面多了支撑的部分，让识字更轻松有趣。

口诀或故事识字法：输入"编写关于【具体汉字】的口诀或故事用于识字"，以"碧"字为例，AI会生成口诀"王姑娘，白姑娘，一起坐在石头上"，或者讲述相关小故事，让你在趣味中牢记汉字。

第3节

提取信息能力：迅速锁定关键，掌握阅读主动权

在信息爆炸的时代，提取信息能力宛如一把锋利的宝剑，帮助小朋友在海量的文字资料中披荆斩棘，迅速锁定关键信息，掌握阅读的

主动权。提取信息能力要求小朋友能够在完成一道题时准确地提取出题干所要求的关键内容信息，包括提取关键字词、关键句子、文章要素和写作对象。这一能力的培养，对于小朋友的学习和成长至关重要，它不仅能提升小朋友的阅读效率，更能助力他们从各个学科领域中精准获取所需知识，为深入理解和解决问题奠定坚实基础。接下来，让我们一同探索培养提取信息能力的有效路径。

1. 信息定位：高效策略助力，快速锁定目标信息

信息定位是提取信息的第一步，就如同在地图上寻找目的地，需要借助高效的策略才能快速完成。

（1）标题引导法

标题往往是文章内容的高度概括，蕴含着关键信息。在阅读文章前，引导小朋友先仔细审读标题，明确标题所涉及的主题和方向。例如，一篇文章的标题为《秋天的果园》，从标题中小朋友就能初步判断出文章可能会围绕秋天果园里的水果、景色等方面展开。带着这样的预判去阅读文章，就能更有针对性地定位与果园相关的信息，如"果园里，红彤彤的苹果挂满枝头，像一个个小灯笼；黄澄澄的梨子你挤我碰，争着向人们展示自己胖胖的身体"，迅速找到关于秋天果园里的水果特点的描述。

（2）关键词定位法

每个问题或文章都有一些核心关键词，这些关键词就像线索，能引领小朋友找到目标信息。比如，题目问"文中描写小猫调皮的句子有哪些"，"小猫"和"调皮"就是关键词。小朋友在阅读文章时，就

可以重点关注包含这两个关键词的句子，像"小猫一会儿跳到桌子上，把花瓶弄得摇摇欲坠；一会儿又钻进沙发底下，和主人玩起了捉迷藏，真是调皮极了"，通过关键词快速定位符合要求的信息。

（3）逻辑关系定位法

除了依据标题和关键词，文章内部的逻辑关系也能帮助小朋友定位信息。常见的逻辑关系有因果、并列、转折等。例如，在一篇讲述环保的文章中提到"因为人们过度砍伐树木，所以导致了水土流失和动物栖息地减少"，若题目询问水土流失的原因，小朋友便能依据因果逻辑，快速找到"人们过度砍伐树木"这一信息。再如在介绍不同季节特点的文章里，"春天万物复苏，夏天骄阳似火，秋天果实累累，冬天银装素裹"呈现并列逻辑，当需要提取夏天的特点时，小朋友就能迅速锁定相关语句。

2. 字眼抓取：精准技巧在手，轻松提取关键信息

字眼抓取是提取信息的关键环节，掌握精准的技巧有助于小朋友轻松提取关键信息。

（1）精读法

对于一些篇幅较短、内容较为重要的文章或段落，采用精读法，即逐字逐句地阅读，不放过任何一个细节，尤其要留意那些能够体现文章主旨、表达关键意思的字眼。比如，在精读《静夜思》中的"举头望明月，低头思故乡"两句时，小朋友通过抓取"望"和"思"这两个关键动词，深刻体会诗人李白在寂静的夜晚抬头望月、思念故乡的情感。

（2）标记法

阅读时，让小朋友准备好笔，遇到重要的字词、句子就进行标记。可以用不同的符号表示不同类型的信息，如用波浪线划出重点句子，用圆圈圈出关键词。例如，在阅读一篇记叙文时，为了提取事件的起因、经过和结果，小朋友可以用横线划出起因部分，用双横线划出经过部分，用曲线划出结果部分。如在人教版语文三年级上册《司马光》一文中，"一儿登瓮，足跌没水中"是起因，用横线标记；"光持石击瓮破之"是经过，用双横线标记；"水迸，儿得活"是结果，用曲线标记，这样，关键信息就一目了然了（见图 2-2）。

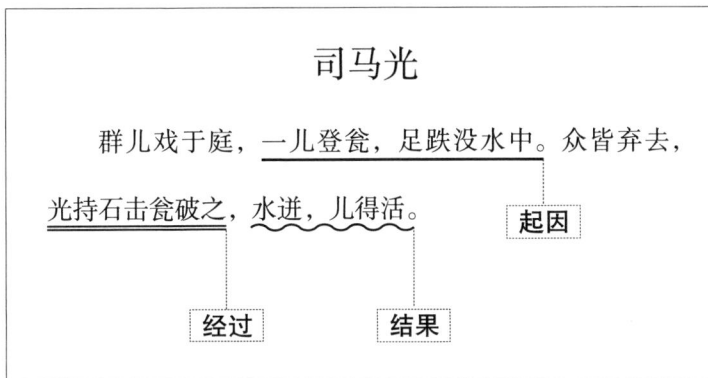

图 2-2 《司马光》标记法示意

3. 文意整合：掌握方法，全面理解文章主旨

文意整合是将提取的零散信息进行梳理和归纳，从而全面理解文章主旨。

（1）要素归纳法

记叙文通常包含时间、地点、人物、事件的起因、经过和结果这几个要素。引导小朋友在提取出这些要素后，将它们串联起来，就能使小朋友大致把握文章的主要内容。例如，在《曹冲称象》的故事中，时间是"古时候"，地点是"河边"，人物有"曹冲""官员们"等，起因是"大家想称出大象的重量却没有办法"，经过是"曹冲想出用石头代替大象，通过保证船的吃水深度相同来称象的办法"，结果是"成功称出了大象的重量"。把这些要素整合起来，小朋友就能清晰地理解文章讲述了曹冲如何聪明地称象的故事。

（2）分层概括法

对于结构较为复杂的文章，可以采用分层概括法。先将文章划分成几个层次，每个层次概括出一个主要意思，然后再将这些层次的意思综合起来。比如，对于一篇介绍植物生长过程的科普文章，可将其分为种子发芽、幼苗生长、开花结果三个层次。第一个层次描述种子在适宜的温度、湿度条件下，冲破种皮并发芽的过程；第二个层次讲述幼苗在阳光、水分和养分的滋养下，茁壮成长的情况；第三个层次阐述植物开花后经过授粉，逐渐结出果实的过程。将这三个层次的意思整合，小朋友就能全面了解植物生长的整个过程，进而把握文章主旨。

（3）核心概念提炼法

在一些说明性或议论性文章中，存在核心概念。提炼核心概念，并围绕它梳理相关阐述，有助于理解文章主旨。比如在一篇关于人工智能的文章中，"人工智能"是核心概念，文章从人工智能的定义、应用领域、发展前景与挑战等方面展开。小朋友抓住"人工智能"这一核心，归纳各部分对它的描述，就能理解文章是在介绍人工智能相关知识并探讨其发展情况。

AI 应用　快速提取关键技术信息，针对性改进

AI 在孩子提取信息能力的培养中扮演着重要的辅助角色。它能够将孩子提取的信息与文章原文进行细致对比，为孩子提供有针对性的改进方向。

在我们科学校区组织的一次科普阅读活动中，五年级的逸飞需要结合《世界科学》杂志中《量子计算开启新纪元》一文弄清楚，量子计算和传统计算相比到底有哪些突出优势。

逸飞先看文章标题，又读了开头，就知道要找的是量子计算的优势。在读文章时，他划出了重要的句子，像"每一次量子计算都是不可靠的——量子噪声的波动会不可避免地侵入并引起误差——但每次计算都很快，所以可以重复执行。"

逸飞把划出来的内容输入 AI。AI 很快进行对比分析，发现逸飞遗漏了一些信息，比如文章里提到的"对于更复杂但可解的问题，量子计算和经典计算得出的答案不尽相同，而量子计算的答案是正确的"。AI 把这部分内容反馈给逸飞，提醒他读文章要更仔细，量子计算不同方面的优势都得留意。

另外，AI 还说逸飞写的内容不太准确。逸飞写的是"量子计算能同时算很多东西，比传统计算快"，AI 告诉他，准确的说法应该是"量子计算靠量子比特的叠加状态，能同时处于多种状态进行计算，在处理复杂问题时，速度比传统计算快很多"。

　　在 AI 的帮助下，逸飞把提取的信息改得更准确、更全面，对量子计算相比传统计算的优势有了更清楚的了解。这次经历让逸飞提取科技类文章中的信息的能力变强了，他也学会怎么用 AI 把提取信息的方法变得更好，为他以后读各种文章、提取关键信息积累了经验。

　　提取信息能力的培养是一个长期而系统的过程，需要小朋友在不断的阅读和实践中逐步提升。通过掌握信息定位、字眼抓取、文意整合等方法，凭借提取信息能力了解古今中外的传奇故事，以及借助 AI 等工具的辅助，小朋友能够在信息的海洋中自由遨游，迅速锁定关键信息，掌握阅读主动权，为自己的学习和未来发展奠定坚实的基础。

第 4 节 ▶

解释推断能力：逻辑推理，预见故事发展

　　解释推断能力是小朋友阅读能力发展中的关键一环，它贯穿于整个阅读过程，对深入理解文本意义重大。这一能力体现在小朋友读书时，能够理解文章标题的深层含义，剖析文章中重要词句的作用，合理推断文章中故事情节的发展，清晰辨识事情发生的因果关系。这一能力的培养，能够助力小朋友从文字表面走进作者构建的丰富世界，提升阅读理解的深度与广度，为知识的积累和思维的拓展奠定基础。下面，我们就一同探寻培养解释推断能力的有效路径。

1. 方向初探：掌握技巧，初步判断故事走向

在阅读伊始，帮助小朋友掌握基础技巧，能够让他们初步判断故事走向，这也是解释推断能力的初步体现。小朋友可以从理解文章标题的深层含义入手，标题往往是文章内容的凝练概括，暗藏故事线索。例如，《卖火柴的小女孩》，从标题中小朋友不仅能知道故事主角是一个卖火柴的女孩，还能推测出小女孩可能会在卖火柴的过程中遭遇一些事情，而"卖火柴"这一行为或许与她的艰难处境紧密相关，由此初步勾勒出故事发展的大致方向。

同时，关注故事开头也是关键。以《小红帽》为例，故事开头点明小红帽要去森林另一边看望外婆，并且森林里有狡猾的大灰狼，这就为故事埋下伏笔。小朋友捕捉到这些信息，就能初步推断故事将围绕小红帽在去外婆家的途中遭遇了大灰狼展开。另外，分析人物性格特点对判断故事走向大有裨益。在《三只小猪》中，三只小猪性格不同，第一只小猪懒惰，用稻草盖房；第二只小猪机灵但不踏实，用木头盖房；第三只小猪勤劳聪明，用砖头盖房。从这些性格差异出发，小朋友能推断出当大灰狼来袭时，三只小猪会因性格不同而有不同的应对方式，进而使故事走向各异。这一过程中，小朋友通过对标题、开头及人物性格的分析，尝试推断故事的情节发展，迈出培养解释推断能力的重要一步。

2. 意蕴深挖：深入剖析，领悟文章深层含义

理解文章中重要词句的作用，是深入剖析文章、领悟深层含义的关键。许多文学作品中的重要词句蕴含丰富意义，需要小朋友仔细琢磨。在《丑小鸭》里，"只要是从天鹅蛋中孵出来，生在养鸭场又有

什么关系"这句话，深刻揭示了故事主题。小朋友通过思考这句话，能领悟到故事传达的坚持自我、不被外界环境左右的道理。丑小鸭虽在鸭群中受尽排挤，但因其本身具备成为天鹅的特质，最终实现蜕变。这就是通过理解重要词句，深入挖掘故事深层意蕴。

同时，关注故事中的象征元素也有助于领悟深层含义。在《小王子》中，小王子星球上那朵骄傲脆弱的玫瑰，象征着爱情中的懵懂与青涩；小王子遇到的国王、虚荣的人等角色，象征现实生活中不同类型的人。小朋友理解这些象征元素，能更好把握作品关于人性、情感和成长的深层内涵。在这个过程中，小朋友通过对重要词句及象征元素的分析，不仅能理解词句在文中的作用，更能深入领悟文章深层含义，提升解释推断能力。

3. 趋势前瞻：洞察未来，预见故事发展脉络

依据已有情节线索和人物发展，合理推测故事发展，是培养小朋友思维前瞻性的重要方式。在冒险题材的故事中，主人公在探险时发现神秘洞穴且听到奇怪声音，小朋友根据这一情节，能推测主人公可能进入洞穴，在洞穴里或许会遇到危险，如陷阱、怪物，也可能发现宝藏或解开谜团。这种对故事发展趋势的预见，锻炼了小朋友的逻辑思维，也让他们在阅读中更具主动性。

对比故事中不同人物的行为和动机，同样能帮助小朋友预见故事发展。在《白雪公主》里，皇后因嫉妒白雪公主的美貌多次试图伤害她。从皇后的嫉妒心理和不择手段的行为，以及白雪公主善良纯真的性格出发，小朋友可以预见皇后会不断想出新阴谋，而白雪公主在朋友们帮助下会一次次化险为夷，最终正义战胜邪恶。通过这样的对比

分析，小朋友对故事发展脉络把握得更清晰，能够根据因果关系合理推断故事走向，进一步提升解释推断能力。

4. 逻辑分析：明晰思路，提升逻辑推理能力

梳理故事的情节逻辑，是提升逻辑推理能力的基础。以《司马光》为例，小朋友可以分析出事件的逻辑链条：伙伴不小心掉进缸里（起因），其他伙伴惊慌失措（相关反应），司马光冷静思考（人物行为），司马光砸缸救伙伴（解决办法）。通过这样的梳理，小朋友能够理解故事各环节间的因果联系，明白事情为何这样发展。

分析故事中的矛盾冲突，也是锻炼逻辑分析能力的重要途径。在《狼来了》中，放羊娃多次撒谎喊"狼来了"，导致村民不再相信他，当狼真的来了时无人救援。小朋友分析这一矛盾冲突，能明白撒谎导致信任丧失，进而带来严重后果，并且从中学会从复杂情节中厘清思路，找出问题关键。这一过程中，小朋友通过对情节逻辑和矛盾冲突的分析，清晰把握事情发生的因果关系，提升逻辑推理和解释推断能力。

AI 应用　**"思辨力大闯关"，为成长注入理性**

在奇趣"思辨力大闯关"模块（见图 2-3）中，一场融合科技与阅读的思维训练得以趣味十足地展开。该模块全面接入深度求索（DeepSeek）模型，以"回答问题"为核心，通过 AI 强化阅读理解任务，助力小读者提升思辨力。

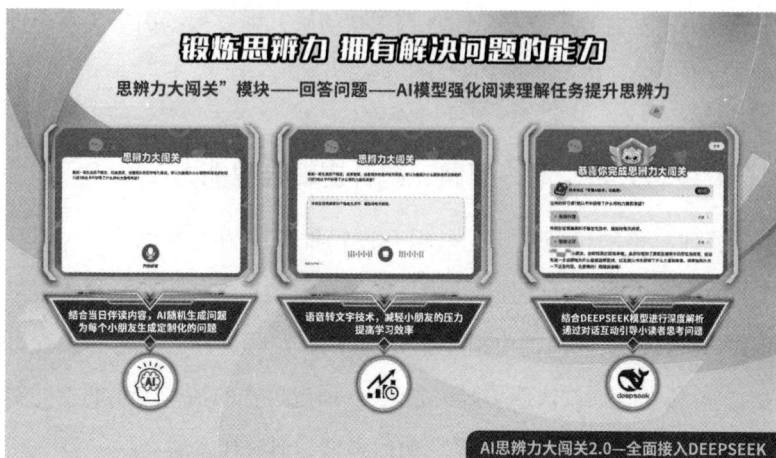

图 2-3　奇趣"思辨力大闯关"模块界面示例

其设计充满巧思：首先，系统会结合当日伴读内容，为每个孩子随机生成定制化问题，如同其专属的思维挑战；其次，系统运用语音转文字技术，使孩子可通过语音轻松答题，减轻表达压力，让思考更流畅；最后，系统依托 DeepSeek 深度解析回答，在对话互动中引导孩子剖析问题本质，让阅读不再停留在表面。

"思辨力大闯关"的价值，远不止一次简单的答题。对孩子而言，它是一位耐心的思维导师：定制化的问题贴合阅读内容，激发个性化思考；语音转文字技术降低表达门槛，让每个想法都有呈现的机会；而 AI 对回答的逻辑解析，如同在思维迷雾中点亮明灯——既指出漏洞，又给予方向；既肯定合理之处，又启发更深层的探索。这种"阅读—思考—反馈—提升"的闭环，让孩子在趣味闯关中，逐步掌握思辨方法，学会从书中汲取精神养分，真正实现从"阅读"到"思辨"的跨越，为成长注入理性思考与深度探究的能力。

分析归纳能力：构建知识网络，有理有据

分析归纳能力宛如一座坚实的桥梁，连接着小朋友对文本的初步感知与深度理解。它要求小朋友在读书时，不仅要理解词语的含义，还要能够归纳文章的主要内容，对相关内容进行正确排序，深入分析文章结构，精准概括主题思想。这种能力的培养，能够助力小朋友将零散的知识进行系统整合，构建起属于自己的知识网络，从而在阅读的海洋中更加从容自信地遨游。接下来，让我们一同深入探究培养分析归纳能力的有效路径。

1. 文章解析：掌握文章架构，理解文章脉络

（1）体裁认知与结构特点把握

不同体裁的文章有着各自独特的架构和脉络。以记叙文《曹冲称象》为例，故事遵循"问题提出—尝试解决—成功解决"的结构。先是众人面临称大象难题，这是问题提出；接着官员们尝试各种办法均失败，此为尝试解决；最后曹冲想出以石头等效替换大象的妙法并成功称象，这是成功解决。小朋友通过分析这个结构，能理解记叙文情节推进的逻辑。而说明文《太阳》采用总分结构。开篇点明太阳与人类关系密切，接着分别从太阳离地球距离远、体积大、温度高以及对地球动植物生长、气候形成等方面的影响进行阐述，让小朋友清晰了解说明文如何围绕主题从多方面展开说明，认识此类文章的内容组织方式。

（2）线索梳理与情节推进理解

文章线索是串联起整个故事或论述的脉络。在小说《汤姆·索亚历险记》中，汤姆的冒险经历是贯穿全文的线索：从他与伙伴们在墓地目睹凶杀案，到在杰克逊岛当"海盗"，再到勇敢指认凶手等一系列冒险。小朋友抓住这一线索，能清晰把握故事的发展脉络，理解汤姆充满好奇、勇敢冒险的性格特点对情节的推进作用。在《桂林山水》一文中，作者对桂林山水的赞美之情是情感线索，从赞叹桂林水的静、清、绿，到桂林山的奇、秀、险，借景抒情。小朋友厘清此线索，能深刻体会作者对祖国大好河山的热爱，领悟散文借景传情的结构内涵。

2. 段落要点捕捉：精准捕捉段落核心，提升阅读效率

（1）关键语句提炼

每一段落中往往有关键语句能够概括该段的主要内容。一篇介绍动物的科普文章中有这样一段文字："长颈鹿以其独特的长脖子而闻名于世。它的脖子长度可达 2 米左右，这使得它能够轻松吃到高处树枝上的树叶。而且长颈鹿性格温和，通常不会主动攻击其他动物。"此段中，首句"长颈鹿以其独特的长脖子而闻名于世"是关键句，点明该段围绕长颈鹿的长脖子这一独特特征展开，后续内容从脖子长度、因长脖子带来的进食优势、长颈鹿的性格特点等方面进行描述。小朋友学会提炼这类关键句，就能快速抓住段落核心。

（2）归纳段落大意的技巧

除了找关键句，还能通过归纳段落中各句子的主要意思来概括段

落大意。比如在一篇描写校园大扫除的文章里，有一段内容为："同学们分工明确，有的拿着扫帚认真清扫地面的灰尘和垃圾，不放过任何一个角落；有的提着水桶去打水，为清洗窗户和桌椅做准备；还有的负责整理图书角和摆放桌椅，让教室看起来更加整洁有序。大家齐心协力，干得热火朝天。"小朋友阅读时，通过分析各句意思，可归纳出该段大意是描述校园大扫除时同学们分工协作、积极劳动的场景。通过这种方法，小朋友能更精准地捕捉段落要点，提升阅读效率。

3. 深层精神挖掘：深入剖析，领悟文章深层精神

（1）从人物形象分析入手

在文学作品中，人物形象往往蕴含着作者想要传达的精神内涵。以《鲁滨孙漂流记》为例，主人公鲁滨孙在荒岛上独自生活多年，面对恶劣的自然环境、匮乏的生活资源以及内心的孤独，他凭借顽强的毅力、聪明才智和积极乐观的态度，努力生存并改善生活。小朋友通过分析鲁滨孙建造住所、种植粮食、驯养动物等行为，以及他在困境中的内心独白，能领悟到作品倡导的坚韧不拔、勇于挑战、积极面对困难的精神。再如《小英雄雨来》中的雨来，在抗日战争时期，面对敌人的威逼利诱，始终坚守底线，勇敢地与敌人周旋。从他的人物形象中，小朋友能感受到少年的勇敢无畏和爱国精神。

（2）结合时代背景理解

许多文章的深层精神与创作的时代背景紧密相关。比如老舍的《骆驼祥子》，故事背景设定在 20 世纪 20 年代的北京，当时社会动荡，底层人民生活困苦。文章通过描写祥子三起三落的买车经历，展现了

那个时代城市底层人民挣扎求生却最终被命运吞噬的悲惨遭遇，表达了作者对社会不公的批判和对底层人民的同情。小朋友在阅读时了解这一时代背景，能更好地理解文章蕴含的深层精神，体会作者的写作意图。

4. 知识串联：巧妙串联知识点，构建知识网络

（1）同主题文章知识整合

当小朋友阅读了多篇同主题的文章后，可以引导他们进行知识整合。比如在阅读了《黄山奇石》《庐山的云雾》《日月潭》等描写祖国自然景观的文章后，小朋友可整合这些文章中关于不同景观特点的知识。他们会发现，黄山的石头形态各异、惟妙惟肖；庐山的云雾瞬息万变、神秘莫测；日月潭在不同时间、天气下景色迷人。通过整合，小朋友对祖国丰富多样的自然景观将有更全面的认识，构建起描写自然景观类文章的知识网络。

（2）跨学科知识关联

阅读中的知识还能与其他学科的知识相互关联。在阅读一篇介绍月相变化的科普文章时，小朋友可将语文阅读中的知识与科学课上学到的月球知识相结合，将语文文章中对不同月相（如满月、新月、上弦月、下弦月）的诗意描写，与科学课上所学的月球在不同位置与太阳、地球的不同相对关系对应。这种跨学科知识关联，能拓宽小朋友知识面，有利于构建更加多元的知识网络。

5. 难题攻克：实践技巧，攻克阅读难题

（1）排序题解题技巧

在阅读测试中，经常会遇到排序题。例如，给出几个句子，要求学生按照一定的顺序将它们排列成一段通顺的话。小朋友可以先通读所有句子，找出首句—— 一般首句会引出话题，像句子"秋天是一个丰收的季节"就很适合作为首句——然后观察其他句子间的关系是时间顺序、空间顺序、事情发展顺序还是逻辑顺序。若句子中有"清晨""中午""傍晚"等时间词，可按时间顺序排序；若是描写房间布局的句子，可能按空间顺序，如从门口到窗户、从客厅到卧室等顺序排列。通过运用这些技巧，小朋友能准确完成排序题，攻克阅读中的这一难题。

（2）概括题应对策略

概括题要求小朋友用简洁的语言归纳文章的主要内容或段落大意。做这类题时，小朋友可先划分文章或段落层次，再分别概括每个层次的内容，最后整合各层次内容。例如，在概括一篇写一次野炊经历的文章时，小朋友可将文章分为准备食材、前往野炊地点、进行烹饪、享受美食及收拾场地几个层次，分别概括各层次的主要事件，最后整合起来得到文章的主要内容。概括时注意语言简洁明了，去除冗余细节，突出重点。

AI 应用 **生成文章结构框架图，提升分析归纳能力**

AI 在提升小朋友的分析归纳能力方面具有强大的辅助功能。当小

朋友阅读完一篇文章后，将文章内容输入AI，它能够快速生成文章的结构框架图。以一篇介绍蚕生长过程的说明文为例，AI生成的结构框架图可能如图2-4所示。

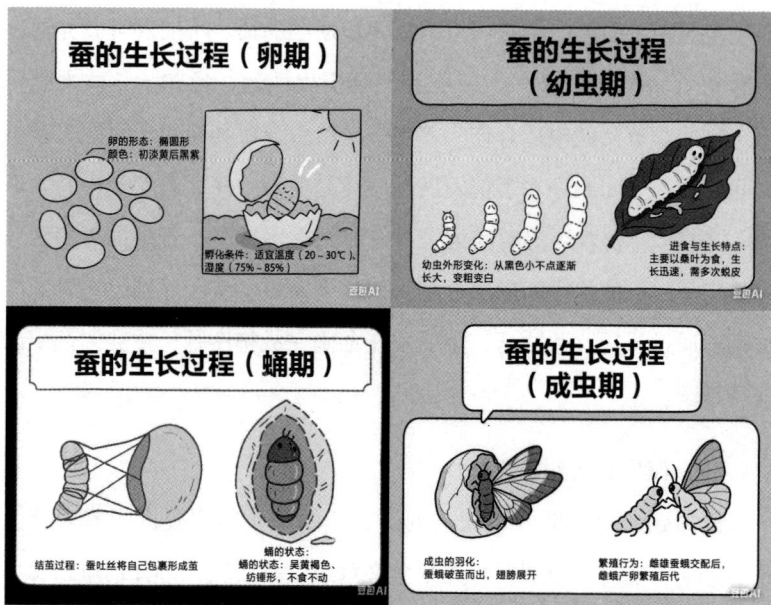

图2-4　AI工具豆包生成的"蚕的生长"结构框架图[1]
（文本排版有所优化）

借助这样的结构框架图，小朋友可以清晰地看到文章围绕蚕的生长过程（卵、幼虫、蛹、成虫四个时期）展开的详细阐述，以及每个时期包含的具体知识点。这有助于小朋友梳理文章内容，理解行文结构，进一步提升分析归纳能力。

---

[1]　AI答案主要用于示例其思考路径和回答结果，不代表学术讨论结果。全书同。——编者注

又如在阅读一篇记叙文时，AI 生成的结构框架图会按故事的起因、经过、结果呈现，同时标注出主要人物及其在不同阶段的行为和情感变化。这使小朋友能直观地把握故事发展脉络，更好地归纳文章主要内容。而且，AI 生成的结构框架图还可作为小朋友复习和总结的重要工具，帮助他们巩固所学知识，强化分析归纳能力。

分析归纳能力的培养是一个长期且系统的过程，需要小朋友在大量的阅读实践中不断积累和提升。通过掌握文章解析、段落要点捕捉、深层精神挖掘、知识串联以及难题攻克等方法，并借助 AI 等工具的辅助，小朋友能够逐步构建起完善的知识网络，提升分析归纳能力，为深入学习和理解各类知识奠定坚实的基础。在这个过程中，小朋友将不断发现阅读的乐趣和价值，在知识的海洋中自由探索，茁壮成长。

第 6 节

评价鉴赏能力：共情共鸣，提升审美品位

评价鉴赏能力的培养是一个循序渐进的过程，需要小朋友在广泛的阅读实践中不断积累和提升。通过角色洞察、情感共鸣、写作手法探讨、鉴赏层级提升等方法，并借助 AI 等工具的辅助，小朋友能够逐步提升评价鉴赏能力，与作品产生情感共鸣，领略文学之美，在阅读中获得丰富的精神滋养，为自身的成长和发展奠定坚实的人文基础。在这个过程中，小朋友将不断发现文学作品的魅力，提升审美品

位，在文学的天空中自由翱翔，收获知识与成长。

1. 角色洞察：洞悉人物性格

（1）外貌与行为细节分析

文学作品常借助对人物外貌与行为的细致刻画展现角色特质。在《三国演义》中，对关羽的描写为"身长九尺，髯长二尺；面如重枣，唇若涂脂；丹凤眼，卧蚕眉，相貌堂堂，威风凛凛"，这般独特的外貌呈现出关羽的英武不凡，"丹凤眼""卧蚕眉"更是他形象的显著标识，暗示着他的忠义与威严。通过剖析这些外貌描写与其他行为细节，小朋友能够深切理解关羽忠义、果敢且武艺高强的特点。

又如在儿童文学《夏洛的网》中，小猪威尔伯一系列的行为变化反映出它在困境中不断成长，从怯懦走向勇敢的性格转变过程。小朋友分析这些细节，能深入理解角色性格的发展变化。

（2）语言与心理描写解读

人物的语言与心理描写是洞悉其内心世界的关键窗口。《简·爱》中"我不是根据习俗、常规，甚至也不是血肉之躯同你说话，而是我的灵魂同你的灵魂在对话，就仿佛我们两人穿过坟墓，站在上帝脚下，彼此平等——本来就如此！"这一段掷地有声的话语，充分彰显了简·爱追求平等、自尊自爱的性格，使她捍卫人格尊严的形象跃然纸上，小朋友能从她的话语中深刻感受到她对平等和尊严的强烈渴望。

在《小王子》中，有"国王其实是要别人尊重他的权威。他不能容忍别人不服从命令。他是个专制的君主"这样一段描写，生动地展现出小王子对国王自高自大、专制本质的认识，同时也反映出小王子内心的纯真与对真实世界的好奇和思考。通过这些心理描写，小朋友能更好地理解小王子的内心世界和他的性格特征。

2. 情感共鸣：领悟文章主旨

（1）联系生活经历感悟情感

许多文学作品所传递的情感与小朋友的生活经验紧密相连。以《地震中的父与子》为例，文中描述父亲的坚持与执着，以及他对儿子深深的爱，通过 "他挖了 8 小时，12 小时，24 小时，36 小时，没人再来阻挡他。他满脸灰尘，双眼布满血丝，衣服破烂不堪，到处都是血迹" 这样的细节描写展现得淋漓尽致。这有助于阅读者与作者产生强烈的情感共鸣，深刻领悟到文中所蕴含的伟大父爱。

同样，在阅读《假如给我三天光明》时，海伦·凯勒讲述了自己作为一个盲聋双重障碍者，在黑暗且寂静的世界里努力学习、顽强生活的经历，表达了她对光明的渴望和对生活的热爱。小朋友联系自己在学习新技能时遇到的困难，以及克服困难后的喜悦，就能更好地体会海伦·凯勒在困境中不屈不挠的精神，以及她对生活的那份珍惜与热爱，进而与作者的情感产生共鸣。

（2）体会时代背景下的情感

部分作品的情感表达与特定的时代背景息息相关。在阅读《小兵张嘎》时，了解时代背景后，再去体会嘎子对敌人的仇恨、对祖国和人民的热爱，就能深刻感受到在那个特殊时代，人们为了民族解放，不畏牺牲、英勇抗争的伟大精神。在阅读老舍的《四世同堂》时，这样做也能更好地体会作者对战争的谴责，对沦陷区人民苦难生活的同情，以及对中华民族坚韧不拔精神的赞美，与作者在特定时代背景下所抒发的情感产生共鸣。

3. 写作手法探讨：看懂作品的表现手法和表达效果

（1）修辞手法的作用分析

修辞手法能够极大地提升文章的生动性与表现力。在《春》这篇散文中，朱自清运用了大量精妙的修辞手法。"盼望着，盼望着，东风来了，春天的脚步近了"，运用反复和拟人的修辞手法，强调了作者对春天的急切盼望之情，同时赋予春天人的"脚步"，生动地写出春天正悄然来临。"春天像刚落地的娃娃，从头到脚都是新的，它生长着。春天像小姑娘，花枝招展的，笑着，走着。春天像健壮的青年，有铁一般的胳膊和腰脚，领着我们上前去"，这里运用排比和比喻的修辞手法，将春天依次比作娃娃、小姑娘、青年，从不同角度形象地描绘出春天的新生状态、美丽与活力，让小朋友仿佛置身于生机勃勃的春天。

在《天上的街市》中，"远远的街灯明了，好像闪着无数的明星。天上的明星现了，好像点着无数的街灯"，运用比喻的修辞手法，将街灯比作明星，明星比作街灯，营造出一种宁静、美好的氛围，把读者带入一个充满幻想的天上街市的世界，使诗歌意境更加优美。

（2）写作手法的效果鉴赏

不同的写作手法为文章带来独特的表达效果。以《白杨礼赞》为例，作者运用托物言志的写作手法，表面上描写白杨："那是力争上游的一种树，笔直的干，笔直的枝。它的干呢，通常是丈把高，像加以人工似的，一丈以内，绝无旁枝；它所有的桠枝呢，一律向上，而且紧紧靠拢，也像加以人工似的，成为一束，绝无横斜逸出"，通过对白杨外在形态的描写，展现其正直、团结、坚强不屈的特点；实际上是借白杨来赞美那些扎根边疆、无私奉献的建设者们，他们如同白杨一样，无论环境多么恶劣，都坚守岗位，默默为祖国的建设贡献力量。小朋友通过分析这种写作手法，能更好地理解文章的深层内涵，提升鉴赏能力。

《将相和》运用对比的写作手法，将蔺相如的宽容大度与廉颇的居功自傲进行对比，使两人的形象更加鲜明，让小朋友能更深刻地理解人物性格和文章主题，体会写作手法对文章表达效果的提升作用。

4. 鉴赏水平三阶要领，领略文学之美

（1）初级鉴赏阶段：感知作品的基本元素

在初级鉴赏阶段，小朋友主要对作品的基本元素，如人物、情节、环境等进行感知。以《小红帽》为例，小朋友要认识到故事中的主要人物是小红帽、大灰狼和外婆，了解小红帽去看望外婆途中遇到大灰狼，最后被猎人解救的情节，以及故事发生在森林这一环境。通过对这些基本元素的感知，小朋友能初步理解故事内容，感受作品的趣味性。

（2）中级鉴赏阶段：分析作品的结构与技巧

随着阅读经验的积累，小朋友进入中级鉴赏阶段，开始分析作品的结构和技巧。在阅读《草船借箭》时，小朋友能分析出文章按照事

情发展的顺序，依次写了周瑜妒忌诸葛亮，让他十天内造十万支箭（起因）；诸葛亮利用草船向曹操"借箭"（经过）；诸葛亮如期交箭，周瑜自叹不如（结果）。通过对文章结构的分析，小朋友能更好地把握故事的脉络。同时，小朋友还能分析出文中运用了对比的写作技巧，将周瑜的心胸狭窄、阴险狡诈与诸葛亮的足智多谋、顾全大局进行对比，突出了诸葛亮的形象。在阅读古诗《望庐山瀑布》时，小朋友能分析出诗人运用了夸张的修辞手法，"飞流直下三千尺，疑是银河落九天"，生动地描绘出庐山瀑布雄伟壮观的景象，体会到修辞手法对诗歌意境营造的重要作用，提升鉴赏能力。

（3）高级鉴赏阶段：领悟作品的深层意蕴

在高级鉴赏阶段，小朋友能够深入领悟作品的深层意蕴。以《钢铁是怎样炼成的》为例，小朋友通过阅读主人公保尔·柯察金的成长经历，不仅能感受到他在战争、疾病等重重困难面前不屈不挠的精神，还能领悟到作品所传达的关于生命意义的思考，即"人最宝贵的是生命。生命每个人只有一次。人的一生应当这样度过：当回忆往事的时候，他不会因为虚度年华而悔恨，也不会因为碌碌无为而羞愧；在临死的时候，他能够说：'我的整个生命和全部精力，都已经献给了世界上最壮丽的事业——为人类的解放而斗争。'"在阅读《老人与海》时，小朋友能从老渔夫圣地亚哥与大马林鱼和鲨鱼的搏斗中，领悟到"一个人并不是生来要给打败的，你尽可把他消灭掉，可就是打不败他"所蕴含的坚韧不拔、永不言败的精神内涵，从更深层次领略文学作品的魅力。

AI 应用 ｜ 理解作者的创作意图

　　AI 在小朋友评价鉴赏能力的培养中扮演着重要的辅助角色。当小朋友阅读完一部作品后，将相关信息输入 AI，它能迅速结合作品的背景、作者意图等进行全面分析。

　　在分析《繁星·春水》时，AI 会阐述冰心创作这些诗歌的背景是"五四"运动和新文化运动时期，当时社会思想解放，女性意识觉醒。冰心受泰戈尔《飞鸟集》的影响，以母爱、童真、自然为主题创作了这些清新隽永的小诗。作者通过这些诗歌，表达了对真善美的追求和对美好人性的赞美。小朋友借助 AI 的分析，能更深刻地体会到诗歌中蕴含的细腻情感，理解作者在特定时代背景下的创作意图，从而提升对作品的评价鉴赏能力。

第 7 节

联想迁移能力：想象无限，阅读融入生活

　　在小朋友的阅读成长进程中，联想迁移能力要求小朋友在阅读时，不止于文字表层，而要深度挖掘文本蕴含的道理，梳理人物经历、故事情节中的经验教训，并将其迁移至日常生活，实现阅读与生活的连接。以下从多个维度深入探讨联想迁移能力的培养路径。

1. 从阅读中汲取生活智慧，体悟人生哲理

（1）经典文学作品中的深度启迪

以《鲁滨孙漂流记》为例。鲁滨孙在荒岛上独自生活多年，从最初的恐惧、绝望，到逐渐适应荒岛环境，他凭借顽强的意志、丰富的知识和勤劳的双手，建造住所、种植粮食、驯养动物，努力让自己生存下去。小朋友从鲁滨孙的经历中，能领悟到在面对未知与困境时，积极主动的探索精神和自我生存能力的重要性。当他们在生活中遇到如独自在家时电器突然故障，或者外出游玩时与同伴暂时走散等突发情况时，就会回忆起鲁滨孙在荒岛上独自应对各种难题的情节，从而冷静下来，尝试运用自己所学的知识和生活经验去解决问题，培养独立解决问题的能力和勇气。

（2）科普读物里的科学智慧与生活启示

《昆虫记》作为极具代表性的科普读物，为小朋友呈现了一个精彩纷呈的昆虫世界。法布尔以细腻入微的观察和生动形象的描写，展现了各类昆虫独特的生活习性和生存策略。就拿蝉来说，它在地下蛰伏数年，在黑暗中默默生长、积蓄力量，只为了能在夏天破土而出，拥有一个短暂却灿烂的歌唱季节。小朋友阅读这一内容，不仅能了解蝉特殊的生命周期，更能从中感悟到厚积薄发的深刻道理。学习新技能或新知识，就如同蝉在地下积累能量的过程，需要投入大量的时间和精力，一步一个脚印地扎实前行，不能急功近利。只有经过长时间的沉淀与积累，才能像蝉一样，在合适的时机绽放自己的光芒，收获优异的成绩。

（3）童话寓言故事中的人生指引

《伊索寓言》中的《农夫与蛇》是一则广为人知的故事。农夫出于善良的本性，在寒冷的冬天救了一条冻僵的蛇，可蛇在苏醒后却恩将仇报，咬了农夫一口。小朋友阅读这个寓言，能清楚地认识到在帮助他人时，需要保持理性和辨别能力，不能盲目地给予善意。在现实生活中，当面对陌生人提出的不合理请求，或者看似充满诱惑却可能存在风险的情况时，小朋友就会联想到农夫的遭遇，进而冷静思考，分辨善恶真伪，在保护好自己的前提下，再去考虑是否给予帮助，避免受到不必要的伤害。

2. 实践智慧转化：将阅读所得转化为生活实践智慧

（1）日常学习的知识应用

阅读中的智慧可巧妙应用于日常学习。在阅读《和时间赛跑》后，小朋友明白时间宝贵且一去不复返。在学习中，他们会制订合理的学习计划，将作业按难易和重要程度排序，并据此分配时间，提高学习效率。例如，先完成数学难题，再进行语文背诵，穿插适当休息。在阅读科普读物《昆虫记》后，小朋友了解昆虫的生活习性和特点，当在生活中遇到与昆虫相关的问题，如家里出现蚂蚁时，能运用书中知识，找到蚂蚁巢穴，采取相应的措施驱赶，培养观察和解决问题的能力。

（2）社交生活的经验运用

阅读所获经验能够在社交和生活场景中发挥重要作用。《绿野仙踪》里，多萝西与稻草人、铁皮人、胆小狮在前往翡翠城的旅程中，相互帮助，共同克服困难，实现自我成长。小朋友从中学会团队合作和发挥个人优势。在学校的小组活动，如科技小制作活动中，有的同学负责设计，有的负责收集材料，有的负责动手制作，大家分工协作，像书中团队一样达成目标。阅读《论语》等经典读物，小朋友学到"己所不欲，勿施于人"等为人处世的道理，在与他人相处时，懂得换位思考，尊重他人感受，提升人际交往能力。

（3）励志故事带来坚持动力

《名人传》记录了贝多芬、米开朗琪罗、托尔斯泰等名人的人生历程。贝多芬在双耳失聪的巨大打击下，依然坚持创作，以"扼住命运咽喉"的勇气，创作出众多不朽的音乐作品。这种坚韧的精神，能为孩子的成长带来力量。例如，当小朋友练习书法遭遇瓶颈，因进步缓慢而萌生退意时，贝多芬在困境中执着坚守的故事，会激励他们重拾信心，坚持每日练习，在每一笔书写中积累、进步，克服浮躁与懈怠，在追求爱好的道路上坚定前行。

`AI 应用`　把名著变成"互动小剧场"

利用 AI，家长可将经典名著片段转化为"互动小剧场"，帮助孩子深入理解文学逻辑与角色动机。下面以《西游记》为例，手把手教你"实操三步法"。

第一步　输入故事改编诉求

输入诉求（家长可根据具体情况更改诉求）：

- 请根据白骨精变成村民骗唐僧、悟空三次打死妖怪反被唐僧赶走（《西游记·三打白骨精》简化版）这一故事改编，目的是教孩子"别轻易相信表面现象"

第二步　与 AI 进行交互（可复制输入下方提示词）

请帮孩子推演故事的后续发展，要求含拼音注释：

- 设计 2 个不同结局（1 个原著向，1 个现代科幻版）
- 用对话形式呈现，适合小学生讨论
- 列出包含 3 个问题（如"悟空怎么做才能不被误会？"）的引导思考清单

第三步　分析使用结果

你会得到：

- 2 个趣味续写故事（含拼音注释）
- 可供亲子讨论的思考清单

睡前 10 分钟，用 AI 把名著变成"互动小剧场"，既能提升阅读能力，又能增进亲子交流，明晚就试试吧！

第 3 章

成为阅读高手，每个孩子都有不同的方法和路径

每个孩子都是独一无二的，他们拥有不同的学习偏好和兴趣点，这是他们个性的一部分。家长和教育者要懂得识别并尊重这些差异，并找到最适合孩子的学习方式和阅读材料。

明确自身的学习类型，能让孩子在学习中更高效地汲取知识，提升成长效能，增加成功概率。在学习类型研究领域，美国纽约圣约翰大学的丽塔·邓恩（Rita Dunn）教授是权威学者。她将学习类型划分为视觉型、听觉型和动觉型三大核心类别（见图 3-1）。

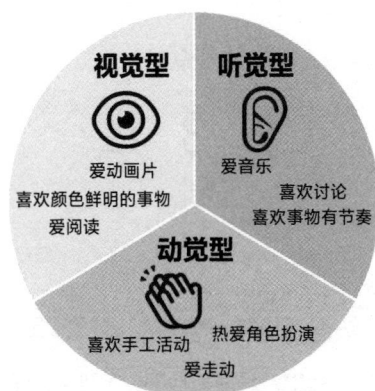

图 3-1　三种学习类型

第 1 节

识别孩子所属学习类型

不同孩子在阅读学习上有着各自的"成长密码"——视觉型、听觉型、动觉型三种学习类型，对应着独特的阅读偏好与智能优势。唯有精准破译这些密码，才能为孩子量身定制阅读成长方案。而解锁孩子专属学习类型的关键，就藏在日常观察与互动的细节之中。

1. 听觉型学习者典型特征

美国心理学家霍华德·加德纳在 1983 年出版的《智能的结构》中首次提出多元智能理论。该理论认为，人类的智能具有多元性，主要包括：语言智能、逻辑 – 数学智能、空间智能、身体 – 动觉智能、音乐智能、人际智能、自我认知智能和博物学家智能[①]。其中，语言智能与音乐智能显著体现了听觉型学习者的特征，都强调声音、语言及韵律在学习过程中的核心作用。

在语言和音乐领域，听觉型学习者往往自带闪光点。他们的耳朵特别"灵敏"，在语言学习和声音感知方面，展现出令人惊叹的能力。接下来，我们就通过更多具体事例，深入探寻听觉型学习者在不同场景里的非凡表现。

（1）更专注于老师的讲解，声音让注意力更集中

在课堂上，听觉型学习者的目光会紧紧追随着老师的身影，相较于其他同学，他们仿佛拥有一层无形的"隔音罩"，能够长时间保持高度的注意力，沉浸在老师声音里。

对于口头指令，听觉型学习者能迅速捕捉到指令中的关键信息，并毫不犹豫地付诸行动。

例如，在体育课上，老师一声令下："立正！稍息！向左转！"

---

① 加德纳. 智能的结构［M］. 沈致隆，译. 北京：中国纺织出版社有限公司，2022.

听觉型学习者能够瞬间做出标准动作。他们整齐划一，没有丝毫犹豫和差错。即使周围的同学因为各种原因出现一些小失误，他们依然能够保持专注，准确地完成每一个指令。

（2）能清晰复述他人话语，对对话细节记忆深刻

某学校每周一次的阅读分享课，本是同学们交流读书心得的轻松时刻，可这次却弥漫着紧张的氛围，因为这次的分享表现关乎知识竞赛的参赛资格。

林晓萱第一个登场，手中捧着已被翻旧的《百年孤独》。她的声音清脆自信，从布恩迪亚家族的传奇故事讲起，细致梳理复杂的人物关系，深入剖析书中"命运与时间循环"的主题。她对书中的经典语句信手拈来，对魔幻现实主义手法的解读独到精辟，最后还分享了自己对时间、命运与家族的感悟。她精彩的分享赢得阵阵掌声，却也让其他同学隐隐感到压力。

分享结束后，老师提出了一个要求："同学们，为了检验大家的倾听效果，谁能准确、详细地复述林晓萱的分享内容，谁就能在知识竞赛选拔中获得额外加分。"

这时，平时并不起眼的陈宇晨缓缓举起了手。他的这个举动引起了一阵骚动，质疑声此起彼伏：林晓萱的分享内容复杂深奥，复述谈何容易？

陈宇晨站起身，深吸一口气开始复述。起初他的复述磕磕巴巴，不少同学露出了轻视的表情，甚至有人小声嘀咕："他肯定不行。"但随着讲述推进，他的语调逐渐平稳。他不仅准确地梳理了林晓萱分享的故事脉络，从布恩迪亚家族的起源到几代人的兴衰，每一个关键情节都没有遗漏，还精准地引用了林晓萱提到的那些经典语句，对该书

的主题和写作手法的分析也与林晓萱的观点高度契合。

在陈宇晨复述完毕后，教室里爆发出了热烈的掌声。陈宇晨凭借着他出色的听觉记忆能力，获得了额外加分。

（3）对声音指令高度敏感，快速准确地做动作

教室里，"声音的奥秘"科学实验课正拉开序幕，讲台上摆满了音叉、琴弦、玻璃罩等器材。这节课，老师要通过"听声辨理"的互动实验与指令游戏，让大家亲身体验声音与动作的奇妙联系。而听觉格外敏锐的毅宇，即将在课堂上大放异彩。

首先，老师敲响了银白色的音叉，让同学们感受声音的传播。毅宇好奇地凑近，当老师将敲响的音叉浸入水面，音叉溅起细密的水花时，他立刻明白了声音是通过物体振动产生的。他兴奋地向同学们解释："你们看，音叉振动才发出了声音，而振动又让水面产生了变化。"

在随后的实验中，老师在密封玻璃罩里放置了一个正在响铃的闹钟，然后逐渐抽出玻璃罩内的空气。毅宇全神贯注地听着铃声的变化，当铃声逐渐变小时，他率先举手说："老师，声音传播需要介质，空气越来越少，声音就传播得越来越困难，因此铃声变小了。"他的回答得到了老师的肯定，同学们也纷纷投来钦佩的目光。

在探究声音音调与频率关系的实验中，长短不同的琴弦被老师拨动后，会发出不同音调。毅宇闭上眼睛，仔细聆听每根琴弦发出的声音，然后准确地说出了音调高低与琴弦长短的关系："琴弦越短，振动频率越快，音调就越高。"他不仅能敏锐地分辨声音，还能从科学原理的角度去解释，让整堂课充满了浓厚的科学探索氛围。

这一系列的实验，让毅宇在"声音的奥秘"这堂课上成了当之无

愧的科学小达人，毅宇用他对声音的敏锐感知和科学理解，为同学们开启了一扇探索声音科学世界的大门。

（4）听完故事后，喜欢模仿故事中人物的语气和声音

在幼儿园的文艺汇演筹备中，老师决定排演童话剧《小红帽》，小朋友们踊跃报名，林悦萌也热情高涨。她对这个故事烂熟于心，平日模仿小红帽和大灰狼的语气说话，常逗得妈妈大笑。

角色选拔时，活泼开朗的林悦萌本以为能轻松拿下小红帽一角，却遭遇强劲对手莉莉。莉莉能歌善舞，同样对小红帽这个角色志在必得。

选拔当天，林悦萌身着红斗篷、头戴小红帽率先登台。她模仿小红帽时，声音清脆甜美："妈妈，我要去看望生病的外婆啦！"模仿大灰狼时，又粗声粗气："哈哈，这小红帽的味道一定很不错！"生动的表演赢得阵阵笑声。

莉莉随后登场，漂亮的服装加上精彩的表演，歌声优美、舞蹈灵动，将小红帽的活泼与大灰狼的狡猾展现得淋漓尽致，赢得了同学们的热烈掌声。

最终，才艺更全面的莉莉获选小红帽，林悦萌被分配到小配角松鼠。她满心失落，躲在角落偷偷哭泣。妈妈安慰她："每个角色都重要，你可以把对小红帽的理解融入新的角色中。"

林悦萌听了妈妈的话，开始认真准备。她反复听故事，琢磨松鼠的性格特点，发现松鼠有着与小红帽相似的善良活泼。在排练时，她发挥模仿天赋，模仿松鼠尖尖细细的声音："小红帽，你要小心大灰狼哦！"蹦蹦跳跳的动作尽显活泼俏皮，获老师和同学一致好评。

演出当天，林悦萌的表演成为亮点，感染力十足，赢得观众掌

声，连莉莉也对她竖起大拇指。林悦萌明白，用心表演，小角色也能
绽放光彩。

不久，幼儿园举办故事模仿大赛，主题是《三只小猪》，王宇轩
满怀期待。他常听故事并模仿角色的语气、声音，对《三只小猪》尤
为熟悉。

比赛当天，其他同学先后上台，表现欠佳。轮到王宇轩时，他自
信登台，先鞠躬，接着模仿老大，表现出它慵懒敷衍的特点；再模仿
老二，表现出它着急又偷懒的特点；最后模仿老三，表现出它坚定自
信的特点。精彩表演赢得全场掌声。

评委张老师提问："老三盖房子遇到了困难，你能模仿他克服困
难时的语气表情吗？"王宇轩虽措手不及，但迅速回忆情节，模仿出
老三疲惫却坚定的语气和表情。最终，王宇轩凭借出色的模仿和临场
应变能力夺冠。

2. 视觉型学习者典型特征

格式塔心理学在心理学领域占据重要地位，其核心观点极大地影
响了我们对人类感知和认知的理解。该理论反对把人类的感知与认知
看作零散元素的简单拼凑，强调经验和行为的整体性，强调对整体的
形（即格式塔）和模式做出的反应。[①]可以说，格式塔心理学的感知
规律为视觉型学习风格提供了理论基础，后者是其在学习场景中的实
践，二者同指"以整体感知把握事物本质"的认知路径。

---

① 刘永康. 格式塔整体性原则在阅读教学中的运用 [J]. 四川师范大学学报（社会
科学版），2004，（4）：20.

（1）在阅读书籍时，孩子更倾向于先观察书籍的封面、插图等视觉元素

在学校组织的阅读分享活动中，老师推荐了科幻小说《流浪地球》。同学们纷纷沉浸于文字，而林晓睿却对封面情有独钟。封面上的星际飞船、璀璨星空和神秘星球深深吸引了他，他仔细端详飞船线条、星星排列及光影效果，发现飞船标志与书中神秘组织的徽章相似，这激发了他的阅读期待。

同桌陈宇催促林晓睿开始阅读，他却不为所动，坚持先探索封面和插图的秘密。翻开书后，林晓睿每遇插图便暂停凝视，仿佛身临其境。一幅描绘主人公在陌生星球探险的插图让他尤为兴奋，他注意到图中的晶体形状和排列方式，感觉自己正与主人公一同去解开谜题。

分享会上，同学们热议故事情节，林晓睿却从封面和插图的角度展开分享。他指出封面暗示了故事主题和关键线索，如星际飞船、星系布局和隐藏徽章，均为故事发展埋下伏笔。插图中的细节，如光影、人物表情和动作，帮助他深入理解主人公的心境和冒险历程。他的分享独特且深入，让老师和同学大为惊讶。

林晓睿对封面和插图的细致观察，不仅体现了他对故事的深刻理解，而且展现了视觉型学习者的独特优势。他的阅读方式证明，封面和插图不仅是书籍的装饰，更是理解故事内涵的重要窗口。

（2）观察一幅画时，孩子能够准确地描述画中的各种元素

在学校精心筹备的阅读分享活动中，老师推荐了经典科幻小说《安德的游戏》，并鼓励大家在阅读后进行深入交流。活动现场，多数同学一拿到书就迫不及待地翻开，沉浸在安德那扣人心弦的太空冒险中，而林晓睿却再次采取了另一种阅读方式。

他双手轻轻捧着装帧精美的《安德的游戏》，目光瞬间被封面吸引。他的眼神中充满了好奇与探索的欲望，他的目光在封面上缓缓移动，不放过任何一个细节。

每当看到插图时，林晓睿都会暂停阅读，仔细凝视。一幅描绘安德在模拟游戏中指挥舰队的插图深深吸引了他。画面中，安德坐在指挥椅上，手指在控制面板上飞快地跳跃，屏幕上显示着复杂的战术布局和敌我态势。林晓睿仿佛能透过画面感受到安德的紧张与专注，以及他面对挑战时的冷静与果断。

阅读分享会上，同学们大多围绕故事情节展开讨论，林晓睿却依然选择从封面和插图切入，带来一番别开生面的解读。他指出封面上每个元素都暗示了故事主题和关键线索，如安德坚定的眼神、威猛的战舰以及浩瀚的星空，都预示着一场关于勇气、智慧与成长的太空冒险。而插图中的细节更是为理解安德的心境和成长历程提供了重要帮助，如他面对困难时的表情变化、指挥舰队时的战术布局等，都生动展现了安德从一个普通少年成长为伟大指挥官的心路历程。

林晓睿的分享让老师和同学们大为惊讶，他们没想到封面和插图竟然能挖掘出如此丰富的信息。这场阅读分享活动，不仅让大家对《安德的游戏》有了更深的认识，也激发了大家阅读图画的兴趣和热情。

（3）在学习新汉字时，孩子可以通过观察汉字形状和结构快速记住字形

在一堂汉字学习课上，老师手持汉字卡片，准备教"品""晶""磊"等字。讲解完含义和用法后，老师让同学们记字形。

多数同学忙着抄写，李梓宇却凝视黑板沉思。看"品"字，三个

"口"上下排列，他的脑海里浮现出三个人愉快聊天的场景，轻松记住了这个字，觉得此字满是生活气息。

李梓宇不理会同桌赵雨对他的嘲笑，目光移到"晶"字上——三个"日"叠在一起，多像夜空中璀璨的星辰，或者阳光下晶莹剔透的宝石啊！这个字的字形就这样和闪烁的光芒一起印在了他的脑海里。

轮到"磊"字时，李梓宇一时没有头绪，而赵雨又露出得意的神气，笔尖在本子上划得更快了。但李梓宇没放弃，盯着三个"石"字堆叠的结构，突然联想到工地上层层堆砌的石头，坚固稳定，这个字形也一下子有了画面感。

课后，李梓宇把"观察字形结构联想记忆法"分享给同学。课堂测验时，他准确书写，而赵雨却因为机械抄写记错了"磊"字的结构。

这件事让同学们明白：学汉字不能只是机械抄写，还应通过观察联想强化理解与记忆。这种视觉型学习者的独特方法，不仅为大家打开了新的学习思路，更让大家意识到：在学习中多观察、多思考，找到适合自己的方法才是关键。

（4）对色彩、形状和线条的搭配有独特的见解，绘画作品往往使用高对比度的色彩

学校"未来城市"绘画比赛的消息一经传出，便在校园里掀起热潮，同学们踊跃报名，思文也满心期待，早早在脑海中构思起奇妙的未来城市景象。

比赛当日，教室里满是专注创作的同学。思文在脑海中勾勒着未来城市的大致模样：一座充满科技活力且人与自然和谐共生的都市，高楼直插云霄，飞行汽车往来穿梭，生态区域与现代建筑相互交织……

　　构思成熟后，思文先在画纸上轻轻勾勒城市轮廓。她用直线描绘高楼主体，三角形的稳如泰山，圆形的包容流畅，不规则多边形的独具创新。几座三角形高楼排列成峰，尽显雄伟，一旁搭配圆形建筑，画面顿时柔和流畅。

　　在选色环节，思文选定蓝色与橙色为主色调，展现了她对高对比度色彩的独特理解。蓝色寓意科技未来，深邃冷静，如浩瀚宇宙般引人遐想；橙色代表活力热情，洋溢着生机能量，彰显城市的繁荣。她用蓝色绘高楼主体，高楼仿若融入宇宙，深邃神秘；用橙色描绘飞行汽车与重要标识，汽车在蓝色背景中醒目似跳动火焰，动感十足。

　　作画时，旁边的陈宁看到她的色彩搭配，皱眉评价："这颜色太刺眼，搭配奇怪。"思文不为所动，坚信自己的选择能传递未来城市的魅力。她继续用绿色描绘生态区域，绿色的树、草、花园，与蓝橙两色形成鲜明对比，为城市添了生机，完美诠释人与自然和谐共生。

　　为突出线条的表现力，思文精心运用线条。粗线条勾勒高楼轮廓，坚实有力，仿佛能抵御岁月侵蚀；细线条描绘飞行汽车轨迹，轻盈流畅，展现汽车的灵动与速度。

　　数小时后，思文完成作品。独特的色彩、创意的形状与线条组合，瞬间吸引周围同学的目光。比赛结束，陈宁的作品色调柔和，以粉色、紫色营造梦幻氛围；思文的画则满是科技活力，蓝、橙、绿，这些高对比度色彩的搭配，极具视觉冲击力。

　　评委评选时，对思文作品高度评价，称赞其丰富想象力与独特表现手法，成功传递出未来城市的魅力。陈宁听后，懊悔自己当初的评价，意识到思文作品的独特价值。

　　思文的创作历程，生动展现了视觉型学习者的优势。他们凭借对视觉元素的敏锐感知，把握整体图形与模式，在创作中展现非凡能力。在日常生活中，父母可通过带孩子参观艺术展览、自然博物馆，鼓励孩子参与绘画、手工活动等方式，培养孩子的视觉感知能力，助力他们以独特视角探索世界，绽放无限可能。

3. 动觉型学习者典型特征

瑞士心理学家让·皮亚杰的认知发展理论指出，儿童智慧起源于动作，在教育中必须高度重视动作和活动能力的培养。在他的理论体系里，儿童是一个主动的接受者，认识的获得是在儿童与外部世界相互作用的过程中逐步实现的。因此，在教学过程中，应该放手让儿童去动手、动脑以探索外部世界，不断建构自己的知识经验系统。[①] 而动觉型学习者正与这一理论高度契合，他们依靠身体动作和实际操作来汲取知识、积累经验，在学习和生活中有着独特的行为模式与学习偏好。

接下来，让我们通过一系列生动有趣的事例，走进动觉型学习者的世界，深入了解他们的显著特点，感受他们在不同场景中的独特魅力与成长历程。无论是课堂上的积极投入，还是在运动场上的活力创新；无论是在实验中的大胆探索，还是在舞台上的精彩演绎，他们都以别具一格的方式展现着自我。

（1）课堂上，他们可能会频繁举手，或者做一些小动作，如摆弄文具、转动身体等

光明中学初二（4）班的语文课堂上，一场围绕《骆驼祥子》的

---

① 陶云，高飞. 皮亚杰理论对教育的主要影响 [J]. 云南师范大学学报（哲学社会科学版），1993，（3）：65.

讨论正如火如荼地展开。老师扫视全班，抛出一个问题："是什么让勤劳善良的祥子，最终堕落成自私懒惰的行尸走肉？"

问题一出，教室瞬间安静。同学们有的翻书找线索，有的托腮思索。这时，动觉型学习者张宇轩眼睛一亮，"嗖"地从座位上弹起，手臂高高举起，大喊："老师，我来！"

同桌李悦皱眉，小声嘟囔："就你爱出风头。"张宇轩充耳不闻，高举的手稳如泰山，眼中满是渴望。

得到老师示意后，张宇轩自信站起，条理清晰地说："我觉得社会环境是主因。祥子一心买车，过安稳日子，可三次梦想都破灭了。希望一次次落空，他只能走向堕落……"他逻辑严谨的回答，赢得老师的肯定与同学们的掌声。

然而，刚坐下，张宇轩就闲不住了。他拿起铅笔在指尖飞速转动，身体也扭来扭去，一会儿和同桌讨论，一会儿跟后排交流。

李悦被搅得心烦，用胳膊肘碰他，低声怒道："别转了，晃得我没法听讲！"张宇轩这才回过神，歉意一笑，停下动作。可没过几分钟，他又拿起橡皮在桌上弹来弹去，嘴里还嘟囔着新想法。

李悦终于爆发，大声指责："张宇轩，你太过分了！只顾自己，不管别人！"这话一出，周围同学纷纷投来目光。

张宇轩满脸通红，愧疚地说："对不起，我思考时就控制不住。"老师注意到两人的动静，过来了解情况后，微笑着说："张宇轩，积极思考值得表扬，但别影响其他同学。"张宇轩不好意思地点点头，努力让自己安静下来。

（2）快速掌握各种运动技能，并且在运动中能够充分发挥自己的创造力和想象力

学校运动会的篮球比赛即将到来，初三（1）班篮球队正紧张地训练，陈飞扬作为队里的动觉型学习者，对篮球满怀热爱且天赋出众。

一次训练中，教练讲解新战术——三角进攻，阐述每个球员的位置、跑动路线和配合要点。其他队员认真听讲，陈飞扬却按捺不住，不等教练讲完就急切请求："教练，我大概懂了，让我试试！"教练皱眉犹豫，因为这项战术复杂，担心他打乱节奏，但看到他眼中的渴望，最终同意。

陈飞扬如离弦之箭冲到场上，按大致思路组织进攻。他灵活运球，扫视队友寻找传球机会，不断调整位置形成三角站位。但因对战术理解不深，球被对方轻易断掉。

队友们发出抱怨："陈飞扬，你太急了，还没学会就瞎试，浪费大家时间。""好好听教练讲完再试不行吗？"陈飞扬脸上闪过沮丧，眼神却透着不服输的劲儿。他暗自发誓要尽快掌握战术。

在此后的训练中，陈飞扬更加专注，听教练讲解细节，在脑海模拟各种场景。很快，他熟练掌握了基本要领，还发挥了创造力和想象力。

在一次队内对抗赛中，陈飞扬发现对方对三角进攻的常规路线有所防备。关键时刻，他灵机一动，大胆调整战术，变向将球传给处于意想不到位置的队友，队友轻松投篮得分。

比赛结束后，教练对他给予了高度评价："陈飞扬，你能根据情况灵活调整战术，非常了不起。"队友们也对他刮目相看，之前抱怨的

队友不好意思地说："陈飞扬，之前错怪你了，你真厉害！"陈飞扬笑着回应："大家一起努力，比赛一定能取得好成绩！"

运动场上的动觉型学习者凭借着对运动的热爱和独特的创造力，不断突破自我。而在科学的实验世界里，他们同样能凭借自己的动手能力和探索精神，收获别样的精彩。

（3）喜欢亲自动手，通过观察实验现象来总结规律和原理

在学校化学实验室，高一（5）班正在进行"金属与酸的反应"实验课。林晓作为动觉型学习者，对亲自动手的实验充满期待。

实验开始，林晓和小组成员迅速准备好器材。她迫不及待地将锌片放入装了稀硫酸的试管，紧盯着试管观察现象。很快，锌片表面冒出细密气泡，反应愈发剧烈。

林晓兴奋地喊道："快看，有气泡，锌和稀硫酸发生反应了。"同组的赵宇却不屑地说："这有什么稀奇，书上都写了，按步骤做完就行，别大惊小怪。"

林晓没理会赵宇，继续专注观察，发现试管壁发热，不禁自言自语："为什么会发热呢？"强烈的好奇心驱使她又拿起一块相同大小的锌片，放入装有相同浓度稀硫酸的试管，再次感受温度变化。

赵宇不耐烦地催促："你别浪费时间，做这些有什么用，赶紧做完实验写报告。"林晓认真回应："要自己发现、思考问题。发热肯定有原因，说不定能总结新规律。"

于是，林晓用不同大小的锌片、不同浓度的稀硫酸反复实验，详细记录现象和数据。经过多次尝试和深入分析，她发现反应的剧烈程度和产生的热量与锌片表面积、稀硫酸浓度密切相关。

当林晓把发现告诉小组成员时，赵宇仍怀疑："你自己瞎琢磨，

不一定对。"这时，老师走来，听了汇报后，对她的结论给予了充分肯定："林晓同学通过观察和实验，总结出有价值的规律，这就是科学探究精神。"赵宇听后脸红，不好意思对林晓说："林晓，我错了，你真厉害。"

实验中的动觉型学习者用他们的双手和智慧开启了科学的大门。而在艺术的舞台上，他们同样能凭借对角色的深刻理解和生动演绎，绽放出独特的光芒。

（4）喜欢参与角色扮演活动，通过模仿和表演来深入理解角色的情感和行为

学校戏剧节将至，高二（3）班正排演经典话剧《雷雨》，苏悦作为动觉型学习者，勇敢挑战繁漪一角。

第一次排练时，苏悦全身心投入，模仿繁漪的语气、神态和动作。但因对角色理解不深，表演时用力过猛，动作和表情夸张，引来部分同学质疑。

扮演周萍的同学皱眉说："苏悦，你演得太夸张，繁漪内心复杂，但不是这么表现的，你的表演让人感觉出戏了。"其他同学纷纷点头。苏悦心里一凉，感到失落，但她没有灰心，反而坚定了演好角色的决心。

她查阅大量资料，观看多个版本的话剧视频，深入分析繁漪的性格和情感变化。为体会繁漪心境，她把自己关在房间，反复揣摩台词，模拟各种场景下的反应。每个语气转折、眼神变化，她都认真琢磨。

在第二次排练时，苏悦的表演有了明显进步，语气细腻，眼神透露出哀怨和无奈，动作自然流畅。但仍有同学提出："苏悦，这次好

多了，可还是缺爆发力，繁漪在关键时刻很有力量。"

苏悦认真听取意见，继续改进。在正式演出前的最后一次排练中，她终于找到感觉。在演绎繁漪与周萍对峙的那场戏时，她眼神充满愤怒、绝望和不甘，声音颤抖却坚定："你不能走，你曾说要带我离开这个家……"她的表演感染力十足，同学们沉浸其中，仿若置身于那个充满矛盾冲突的年代。

正式演出时，苏悦的精彩表演赢得全场掌声。她成功演绎繁漪，让观众深切感受到角色内心的复杂情感。演出结束后，同学们围过来祝贺赞扬，之前质疑她的同学也由衷说："苏悦，你太棒了，之前小看你了。"苏悦微笑回应："谢谢大家，是大家的意见让我进步，这场演出的成功离不开大家的努力！"

这些动觉型学习者在不同场景中面临挑战，不断进步，生动展现了他们独特的学习方式与成长历程。刘强东在办公室里总习惯边走边思考商业策略，踱步时的节奏仿佛能为他厘清思路，那些改变电商格局的决策，不少都诞生于这样的动态思考中；乔布斯在设计产品时常常站着开会、来回走动，身体的移动似乎能激活他的创造力，让那些颠覆行业的灵感在动态中迸发。他们用行动诠释对知识的渴望、对世界的探索，在尝试与突破中绽放光芒。希望这些故事能让大家更深入地了解动觉型学习者，也鼓励更多人发现并发挥自身的独特潜力。

不同学习类型孩子的阅读引导

　　了解孩子的学习类型后，就可以因材施教。如果孩子是视觉型学习者，在辅导他们学习语文古诗词时，除了常规的文字讲解，还可以找一些配有精美插画的古诗词绘本，让孩子通过画面来感受诗词意境；学习英语单词时，制作色彩鲜艳、带有图案的单词卡片，加深孩子的记忆。如果孩子是听觉型学习者，在学习地理时，让孩子听一些地理科普广播，了解各地风土人情；练习英语口语时，多播放英语原声电影，让孩子模仿角色的语音语调。而对于动觉型的孩子，学习物理时，带孩子做一些简单的力学实验，如用弹簧秤测量物体重力；学习语文写作时，鼓励孩子去户外体验生活，回来后将经历写成作文。因材施教能让孩子在学习中如鱼得水。利用好 AI 给出的结果，为孩子打造专属的学习模式，能让孩子在学习的道路上更加轻松愉快。

1. 聆听世界：为听觉型孩子挑选书籍

　　听觉型孩子仿若来自梦幻国度的精灵，对声音有着与生俱来的敏锐感知。他们宛如灵动的调音师，能精准捕捉声音中的每一丝微妙变化，凭借聆听这一独特方式，在脑海中构筑起一个五彩斑斓的知识世界。

　　（1）挑选那些配有音频的书籍，让孩子边听边学

　　为这类孩子挑选书籍时，配有音频的书籍无疑是不二之选。以经典名著《小王子》为例，市面上优质的音频版本众多，专业配音演员

凭借深厚的艺术造诣和对角色的精准把握，赋予每个角色鲜活而独特的生命力。小王子那纯真无邪又略带迷茫的稚嫩嗓音，将孩子带入充满爱与孤独的星际冒险之旅。孩子仿若亲身经历小王子在各个星球上的奇妙遭遇，与他一同感受遇见狐狸时的惊喜、面对玫瑰离去时的悲伤。

在聆听过程中，孩子能习得标准、地道的发音，领略语调变化，积累丰富的词汇。父母可陪伴孩子一同聆听，听完后与孩子深入讨论，引导孩子分享对情节的见解，探讨故事寓意，进一步加深孩子对书籍的理解与感悟。

（2）寻找那些有声读物和诗歌集，让孩子在声音中感受文字的魅力

有声读物和诗歌集亦是听觉型孩子的精神宝藏。《哈利·波特》系列有声读物，为孩子开启奇幻魔法世界的大门。孩子聆听时，能听见霍格沃茨城堡的神秘咒语、魁地奇比赛的热烈喧嚣，以及与主角们一同面对伏地魔时的紧张刺激。

而诗歌集则是他们心灵的乐章。泰戈尔的《飞鸟集》，在专业朗诵者深情演绎下，焕发出别样魅力。朗诵者用抑扬顿挫的语调，将诗歌中对自然、生命和爱的赞美之情展现得淋漓尽致，触动孩子内心。父母可以鼓励孩子跟着音频一同朗诵，让孩子在模仿中感受诗歌的节奏与韵律，深入体会诗歌内涵，培养语感和对文学的热爱。

（3）利用音乐和节奏来增强孩子的阅读体验，让学习变得更加生动有趣

巧妙借助音乐和节奏能为孩子的阅读体验添彩。讲述动物故事的

书籍，若在音频中融入逼真的动物叫声和大自然的声音，则能为孩子营造身临其境之感。当聆听关于森林的故事时，鸟儿的歌声、松鼠的跳跃声、小溪的流水声和微风的拂叶声交织，构成美妙乐章，让孩子仿若置身森林。

《苏斯博士》系列故事书，其文字富有节奏感，读起来朗朗上口。父母可以和孩子一起打着节拍阅读，或者播放与故事氛围相符的背景音乐，让孩子在音乐烘托下深入沉浸故事，轻松记忆内容，享受阅读欢乐。

2. 眼见为"识"：为视觉型孩子挑选书籍

视觉型孩子恰似敏锐的艺术家，对色彩、图形和图像有着与生俱来的敏锐感知力。他们通过眼睛细致入微地捕捉周围世界的精彩瞬间，从精美的图画中解读丰富内涵，构建独特的认知世界。

（1）选择那些插图丰富、色彩鲜明的书籍，激发孩子的视觉兴趣

对于他们而言，插图丰富、色彩鲜明的书籍犹如宝藏乐园。《大卫，不可以！》中，简洁文字与生动插图完美结合，将大卫调皮又可爱的形象刻画得入木三分。在大卫站在椅子上够鱼缸的插图中，瞪大的眼睛、张大的嘴巴，以及周围的混乱场景，通过鲜艳色彩和生动画面呈现，吸引孩子的目光，让他们沉浸于故事之中。

父母可引导孩子观察插图细节，鼓励孩子讲述从图中看到的故事，锻炼其观察力、想象力和语言表达能力。比如询问孩子大卫够到鱼缸后会发生什么，从大卫表情能看出什么，激发孩子的思考与表达欲望。

（2）利用漫画书和图解书籍，帮助孩子通过图像理解复杂的概念

漫画书和图解书籍是助力视觉型孩子理解复杂概念的得力助手。《半小时漫画中国史》以幽默的笔触和夸张的漫画，将中国历史的朝代、事件和人物生动呈现。孩子翻开书页，仿佛置身历史漫画王国，能轻松理解中国历史的发展脉络和重要事件。

《万物简史：少儿彩绘版》运用精美的插图和图表，将科学概念直观化。孩子通过观察细胞结构插图、地球圈层图表，深入了解微观世界与地球奥秘。父母可陪伴阅读，引导孩子提取图像关键信息，梳理知识框架，加深孩子对知识的理解与记忆。

（3）通过视觉艺术书籍来提升孩子的审美和理解能力

视觉艺术书籍是提升视觉型孩子审美和理解能力的桥梁。《儿童艺术大书》汇聚众多艺术瑰宝，涵盖多种艺术形式。孩子翻开书，仿若走进艺术博物馆，从古代岩画到现代抽象作品，每一页都充满惊喜。凡·高的《向日葵》、莫奈的《睡莲》在书中展现独特魅力。父母可以引导孩子观察作品的色彩、构图和线条，鼓励孩子表达对作品的感受，培养审美情趣和艺术鉴赏能力。

3. 实践求知：为动觉型孩子挑选书籍

动觉型孩子宛如充满活力的小探险家，对世界充满好奇与探索欲望，渴望亲身参与和动手实践。在他们眼中，知识是可触摸、可体验的真实存在。

（1）选择那些互动性强的书籍，让孩子在互动中学习

互动性强的翻翻书和立体书等能满足他们的探索欲望。《小熊很

忙》系列绘本，每一页都有巧妙机关。孩子翻开书页，如同踏入宝藏世界，翻开小窗口探索其背后的秘密，从而认识动物、了解动物习性，拓展认知。

立体书更是能够带来身临其境之感。《大闹天宫》立体书将神话故事立体呈现，使孙悟空与天兵天将战斗的场景跃然纸上。孩子触摸立体的角色和场景，感受质感与细节，仿佛置身神话世界。父母可与孩子一同探索，引导孩子发现乐趣，激发想象力和创造力。

（2）寻找那些包含实验和动手项目的科学书籍，让孩子通过实践来理解知识

包含实验和动手项目的科学书籍，能让动觉型孩子在实践中理解知识本质。《小学生都爱的科学实验》提供了丰富的材料和步骤说明，孩子可以亲手制作简易电路、观察植物生长过程，在见证神奇科学现象的同时，培养耐心与责任意识。《不可不知的科学》则鼓励孩子利用生活中的常见材料，动手制作小发明，在创意实践中感受科学与生活的联结。父母如果能够陪伴孩子完成实验和制作，并在过程中给予适当的指导与鼓励，不仅能强化孩子对知识的理解，还能有效培养他们的动手能力与创新思维。

（3）通过户外探险和自然观察类书籍来学习，让孩子在自然中探索和发现

户外探险与自然观察类的书籍，对于动觉型孩子而言，无疑是点燃他们对大自然无限热爱的火花。这类孩子天生好动，喜欢通过亲身体验和探索来理解世界。

法布尔的《昆虫记》不仅是一部科学著作，更是一本充满奇幻色

彩的故事集。它详尽描述了各种昆虫的外形特征、生活习性以及它们在自然界中的角色，引领孩子们走进一个奇妙的微观昆虫世界。带着这本书走进自然，孩子们仿佛化身为小探险家——他们依照书中指引，在草丛间、树叶下寻觅那些平时难以察觉的小生命。每一次新发现都让他们兴奋不已，每一次细致观察都在加深他们对生命多样性的理解和尊重。

而《大自然的日历》则像是一位慈祥的自然导师，按季节的顺序，细腻地描绘出自然界的变化与轮回。从生机勃勃的春到繁花似锦的夏，再到硕果累累的秋和银装素裹的冬，孩子们跟随书中的指引，走出家门，亲身感受四季的更迭，体验大自然的鬼斧神工。他们学会了聆听风声、雨声，观察树木抽芽、落叶，感受阳光的温暖、雨水的滋润，每一次与自然界的亲密接触，都让他们的心灵得到净化，对自然的敬畏之情油然而生。

第 3 节

不同学习类型孩子的阅读空间打造

在孩子的成长中，阅读至关重要，而契合孩子学习类型的阅读空间，能让他们更舒适投入地享受阅读，收获快乐与成长。接下来，让我们一同走进几个真实的案例，探寻如何为不同学习类型的孩子量身定制专属的阅读天地。

1. 创造无听觉干扰的简约阅读角落，让听觉型学习者更专注于声音

对于听觉型学习者而言，声音是他们感知世界、获取知识的重要桥梁。一个静谧且能让他们全身心沉浸于声音的阅读环境，对其学习与成长意义非凡。李悦便是典型的听觉型学习者，她的家人为她精心打造了一个专属的阅读角落。

（1）设立一个安静的阅读角落，让孩子在安静中聆听和学习

李悦家书房的靠窗一角，被改造成她的阅读小天地。这里远离客厅电视的喧闹声、厨房锅碗瓢盆的碰撞声。为营造极致的宁静，地面铺上了厚实的深灰色羊毛地毯，隔绝外界纷扰。

地毯上摆放着一把单人皮质扶手椅，靠背和坐垫填充饱满，让李悦能惬意地沉浸于阅读。椅子扶手线条流畅，为长时间阅读提供舒适支撑。

紧挨着椅子的是小茶几，上面放着一盏暖黄色灯光的台灯。夜晚，李悦打开台灯，柔和的光线洒在书页上，增添宁静与温馨。

角落上方的墙壁安装了嵌入式木质书架，该书架被精心划分成不同大小的格子，方便李悦分类存放她钟爱的有声读物。这些读物种类繁多，涵盖古今中外经典，从奇幻的《哈利·波特》到富含哲理的《思考世界的孩子》，从有趣的童话故事到科普讲解音频，每一本都如神秘宝藏，等待她去探索。

为进一步减少外界噪声，让李悦更专注地聆听，家长在角落的墙壁上安装了隔音板。隔音板不仅隔音效果好，表面还装饰着淡淡的星空图案，让李悦仿佛置身浩瀚宇宙，在静谧星空下遨游于声音的奇妙世界。

（2）提供耳机和音质良好的播放设备，让孩子享受高质量的音频体验

为让李悦享受高质量的音频体验，她的父母用心挑选了一款专业的儿童头戴式无线耳机。耳机的耳垫采用柔软亲肤的硅胶材质，贴合孩子的耳朵轮廓，长时间佩戴也不会不适。耳机外壳印有李悦喜爱的艾莎公主图案，增添童趣。耳机音质出色，具备先进的主动降噪功能，能精准过滤外界嘈杂的声音，让李悦清晰地听到音频细节，仿佛与故事角色一同冒险。

与之搭配的儿童有声读物播放器功能强大，拥有高清显示屏，操作界面简洁，小朋友也能轻松上手。播放器内置海量音频资源，涵盖古今中外经典，还支持蓝牙连接和在线下载，李悦通过无线网络就能随时下载感兴趣的有声读物，满足对知识的渴望。

（3）创造一个可以自由讨论和分享故事的环境，让孩子在交流中提升语言能力

营造自由讨论和分享故事的环境对李悦的成长同样重要。每个月，她都会热情邀请好朋友来家里，在温馨的阅读角落开展"故事分享会"。

他们围坐在圆形的木质桌子旁，桌上摆满美味零食和香甜果汁，氛围轻松愉快。分享会上，李悦会率先分享精彩故事，比如《神奇的海底世界》，她用生动的语言巧妙模仿海洋生物的声音，将故事演绎得绘声绘色，带领小伙伴们"潜入"海底世界。

听完李悦的分享，王诗涵积极发言，分享对故事中海洋生物的独特认识，讲述自己心中最神奇的海洋生物及喜爱原因，发言充满想象力和创造力。张宇轩则提出有趣且有深度的问题，如"海底是否存在

神秘宝藏及宝藏藏在哪里"，引发大家热烈讨论。孩子们各抒己见，进行思维碰撞。

在讨论过程中，他们使用磁性白板记录要点和创意想法。白板上张贴着鼓励表达和分享的小贴士，如"分享是打开知识宝库的钥匙"，激励孩子们勇敢表达、毫无保留地分享见解。通过分享和讨论，孩子们加深了对故事的理解，锻炼了语言表达能力，拓展了思维广度和深度。

在这个充满声音魅力的阅读角落里，李悦和她的小伙伴们收获了知识与快乐。而对于视觉型学习者来说，一个色彩斑斓、光线充足且充满艺术氛围的阅读空间，能更好地激发他们的创意思维，引领他们走进一个充满奇幻与想象的世界。接下来，让我们一同走进陈宇轩的阅读空间，感受那份独特的魅力。

2. 布置色彩丰富、光线充足的阅读空间，激发视觉型学习者的创意思维

（1）布置一个色彩丰富、光线充足的阅读空间，让孩子在视觉上得到满足

陈宇轩是一个对色彩和图像有着敏锐感知与独特热爱的视觉型学习者。家长为他精心打造的阅读空间位于一间朝南的房间。

房间拥有一扇大大的落地窗，阳光毫无阻碍地洒进室内。明亮而温暖的光线，照亮了房间的每一个角落，也照亮了陈宇轩探索知识的道路。窗户上挂着淡蓝色的纱帘，当微风轻轻拂过时，纱帘随风飘动，阳光透过纱帘，形成了一道道柔和而梦幻的光线，仿佛为房间披上了一层神秘的薄纱，营造出一种如梦如幻的氛围。

（2）用能够激发创意的艺术品和图表装饰墙面，让孩子在艺术中找到灵感

房间的墙面采用了独特而精妙的渐变色设计，从底部的淡绿色逐渐过渡到顶部的淡紫色。这渐变的色彩，对应着大自然的无穷魅力与神奇变化。地面铺设着色彩斑斓的拼图式地毯，地毯上布满了各种可爱的卡通形象，有勇敢的超级马里奥、充满智慧的哆啦 A 梦、可爱的小熊维尼等，为整个空间增添了无尽的童趣和活力。

阅读区域摆放着一套定制的书架和桌椅，它们的设计独具匠心，仿佛来自童话世界。书架上摆放着各种色彩鲜艳的书籍，吸引着陈宇轩去探索和发现。桌椅的颜色是明亮的黄色和红色，这两种鲜明的对比色相互映衬，给人以活泼、热情且充满活力的感觉。

陈宇轩阅读空间的墙面上，挂着许多富有创意和艺术感染力的作品。其中有一幅达·芬奇的《蒙娜丽莎》的临摹画，这幅画的色彩和细节极为逼真，每次陈宇轩凝视这幅画，都会被深深吸引，陷入遐想之中。他仿佛能穿越时空，与达·芬奇对话，探寻这幅画背后的神秘故事。

（3）提供绘画和绘图工具，让孩子随时记录下他们的视觉灵感

阅读空间的一侧设置了专门的绘画区域，摆放着宽大的画桌，画桌可调节高度和角度。桌上整齐摆放着画板、水彩颜料、油画棒、彩色铅笔等绘画工具，种类丰富、品质优良。画桌旁边有多层木质收纳架，可分类存放绘画工具。墙上挂着软木板，陈宇轩会把阅读过程中创作的绘画作品展示在上面，如阅读《哈利·波特》后创作的霍格沃茨魔法学校画作，体现了他的想象力和绘画技巧。

陈宇轩在这个充满色彩与创意的阅读空间里尽情翱翔。而动觉型学习者则更渴望一个能够自由活动、尽情探索的阅读区域，让他们在

充满活力的实践中学习知识、提升能力。

3. 设立可自由移动和探索的阅读区域，让动觉型学习者在活动中学习

（1）设立一个可以自由移动和探索的阅读区域，让孩子在活动中学习新知识

赵睿是一个活力四射的动觉型学习者，他对世界充满了好奇，喜欢通过亲身的运动和实践来探索知识的奥秘。

展示架上，恐龙化石、飞机、汽车等实物模型错落有致，它们不仅仅是静态的装饰品，更是赵睿与书中世界互动的桥梁。每当他翻开一本关于恐龙的科普书籍，眼前的恐龙化石模型便仿佛活了过来，带他穿越时空，亲历地球令人震撼的远古时代；而当他沉浸在飞机与汽车的相关知识中时，那些精致的模型又成为他理解复杂机械原理的生动教材，激发了他对科学与技术的无限向往。

收纳箱里，望远镜、放大镜、指南针和地质锤等探索工具整齐排列，它们如同赵睿探索世界的魔法钥匙，为他打开了通往未知的大门。无论是仰望璀璨的星空，还是俯瞰奇妙的微观世界，抑或是徒步探索大自然的奥秘，这些工具都是他不可或缺的伙伴，让他在每一次阅读中都能收获满满的惊喜与成长。

天花板上，彩色吊饰随风摇曳，为整个空间增添了一抹温馨与浪漫。在这里，赵睿可以自由地选择自己喜欢的书籍，无论是沉浸在科幻小说的奇妙想象中，还是跟随历史传记的脚步感受时代的变迁，抑或是从科普读物中汲取新知识，他都能在这片天地里找到属于自己的乐趣与成长。

这片阅读天地，见证了赵睿从好奇到探索、从学习到成长的每一个瞬间。它不仅是知识的源泉，更是他心灵的港湾，让他在探索世界的旅途中始终保持着一颗纯真与好奇的心，不断前行，不断超越。

（2）提供足够的空间进行角色扮演和手工活动，让孩子在实践中掌握技能

为了让赵睿能够在实践中深化学习，阅读区域巧妙地设置了一个小型舞台，这片红毯铺就的天地成了他与朋友们展示才华的舞台。舞台背景墙可灵活变换，以适应各种主题，让每一次角色扮演都充满新鲜感。在《水浒传》的启迪下，赵睿与小伙伴们化身为梁山好汉，穿越时空，将经典故事生动再现。舞台上，他们不仅是观众眼中的演员，更是书中角色的灵魂再现，通过细腻的演绎，让故事跃然眼前。这加深了他们对人物性格和情节发展的理解，同时也让他们在互动中锻炼了表达能力和团队精神。

紧邻舞台的，是一个创意无限的手工制作区，这里如同一个梦想工坊，工作台宽敞坚实，各类手工工具和材料琳琅满目。赵睿在这里找到了木工制作的乐趣，他将理论知识与实践完美结合，亲手打造出一个既实用又美观的木质书架，每一个细节都彰显着他的巧思与匠心。此外，陶艺也是他的一大爱好，他利用陶艺工具塑造出一个个生动有趣的小摆件，无论是憨态可掬的小动物，还是别致精巧的小杯子，都承载着他的创意与热情。

在这个手工制作区，赵睿不仅学会了如何将书中的知识转化为实践的能力，更在动手过程中培养了创新思维和解决问题的能力。每一次的尝试与探索，都让他更加自信，也更加热爱这个充满无限可能的世界。

（3）创造一个可以进行身体活动和互动的动态学习环境，让孩子在运动中学习

为了让赵睿在运动中更深入地学习知识，阅读区域别出心裁地设置了一条"阅读探险小径"。小径的地面上用彩色的胶带贴出各种有趣的图案和指示箭头，如神秘的脚印、闪耀的星星、指引方向的箭头等。沿着小径摆放着一些与阅读相关的挑战任务，这些任务形式多样，充满了趣味性和挑战性。例如，当赵睿走到小径的某个位置时，会看到一个任务卡片，上面写着"请模仿《西游记》中孙悟空的一个动作"，赵睿会立刻精神抖擞地摆出孙悟空的经典动作，如手搭凉棚、挥舞金箍棒等，那活灵活现的模样，仿佛他真的变成了神通广大的美猴王。继续往前走，他又会遇到一个任务，要求他回答"地球在回归年的公转周期是多少"，赵睿会迅速调动自己在科普书中学到的知识，准确地回答出"365 天 5 小时 48 分 46 秒"。

第 4 节

不同学习类型孩子的阅读活动设计

听觉型学习者在声音的世界里绽放光彩，然而每个孩子都是独一无二的个体，属于截然不同的学习类型。事实上，除了对声音敏感的听觉型学习者，还有醉心于视觉符号的"图像解读者"——视觉型学习者，以及热衷于在动手实践中探索的"体验践行者"——动觉型学习者。每种学习类型都拥有独特的认知密码，我们需要为其量身定制

专属的阅读活动，让每个孩子都能在适合自己的学习方式中，打开阅读的奇妙之门，感受文字与心灵共振的美好。接下来，我们将继续探索不同类型学习者的阅读活动设计，为不同特质的孩子搭建专属的成长路径。

1. 让听觉型学习者在听和说中提升语言能力

听觉型学习者仿佛天生的"声音捕手"，他们对声音和语言有着敏锐的感知，能够通过听和说的互动轻松地吸收知识、表达自我。基于这一独特的天赋，我们为他们打造了一系列精彩纷呈的活动，引领他们在声音的世界里尽情遨游。

（1）组织故事接龙和角色扮演游戏，让孩子在互动中学习语言

一个阳光明媚的午后，孩子们围坐在教室里，开启故事接龙。老师以神秘的魔法小镇上勇敢的小精灵作为故事开头，她说道，小精灵的翅膀闪烁着奇异光芒，五彩斑斓，仿佛天边彩虹。

性格活泼的晓妍接着讲述：小精灵在森林玩耍时发现了一本有着古老皮革封面、刻满金色符文的魔法书，触摸封面时一股温暖的力量传来。平时内向的宇轩也鼓起勇气，说小精灵翻开魔法书后，伴随着一道耀眼光芒，被困在魔法封印里的奇特小怪兽出现了，它的身体像蓝色火焰，眼睛如紫宝石，可怜地请求小精灵帮忙解开封印。

孩子们一个接一个地讲述，为故事添加神秘的魔法咒语、新的魔法角色和紧张刺激的冒险情节。原本极度内向的嘉豪也被氛围感染，他自信地讲述：小精灵和小怪兽一起找到魔法小镇的守护者——白发苍苍的老巫师，老巫师告知他们要找到五颗散落在世界各地、拥有不同力量的魔法水晶才能解开封印。嘉豪的加入让故事更加精彩，他也

赢得了其他孩子的掌声。

角色扮演游戏同样精彩。以《小红帽》为例，孩子们挑选心仪角色，仿佛穿越到童话世界。活泼好动的梓轩扮演大灰狼，他压低声音、张牙舞爪，把大灰狼的狡猾和凶狠表现得淋漓尽致。可爱甜美的诗瑶扮演小红帽，蹦蹦跳跳地要去外婆家送好吃的。原本胆小的雨薇扮演外婆，一开始声音微弱、动作僵硬，但在其他孩子的鼓励下逐渐进入角色，当听到敲门声时，她紧张的语气和微微颤抖的声音，仿佛大灰狼真的就在门外。最后，她的表演赢得了热烈掌声。

从故事接龙到角色扮演，孩子们在听与说的互动中，不断提升语言表达能力和想象力，打开了感知语言魅力的大门。

（2）通过音乐和节奏游戏来学习语言韵律，让孩子在节奏中感受语言的魅力

在那个洋溢着欢声笑语的音乐教室里，音符仿佛拥有了生命，在空中轻盈跳跃。老师巧妙策划了一场"歌词改编"活动，随着《小星星》那熟悉而温馨的旋律缓缓响起，她微笑着向孩子们提出了挑战："让我们以'四季的色彩'为主题，为这首经典歌曲添加新的歌词，用我们的歌声，共同描绘四季变换的美丽画卷。"

思涵率先响应，她的声音清澈如溪，流淌出春天的生机："春天到了百花放，粉粉红红如画卷展开。蜜蜂蝴蝶翩翩舞，在花海中编织快乐的节拍。"她的话语中充满了对大自然的热爱，仿佛已将我们带入那片绚烂的花海。

宇澄紧随其后，他的声音里满是夏日的热情："夏日炎炎如火烧，阳光洒满金色的跑道。泳池清凉水波摇，孩子们的笑声在空中飘。"他边说边比画，那生动的表演，让教室里充满了夏日的热情与欢乐。

　　而静宜在大家的鼓励下终于鼓起勇气，用温柔的声音描绘出秋天的宁静："秋风轻抚枫叶红，片片落叶如诗行。大雁南飞排成行，留下一串串秋日的遐想。"她的歌词如同秋日里的一缕暖阳，温暖了每个人的心房。

　　紧接着的"节奏朗诵"游戏，更是将教室变成了欢乐的海洋。老师选择了节奏明快的《拍手歌》，带领孩子们在拍手与跺脚的节奏中大声朗诵。起初，孩子们还有些生疏，但经过几轮练习，他们逐渐找到了节奏，整个教室回响着和谐而有力的节拍。

　　俊宇将游戏的氛围推向了高潮。他兴奋地加快节奏，大声朗诵："你拍九，我拍九，九个朋友手拉手。"他的眼中闪烁着光芒，笑容如同夏日的阳光般灿烂。其他孩子也被他的热情感染，纷纷加快节奏，整个教室被欢乐与活力填满。

　　在这场音乐与节奏的盛宴中，孩子们不仅体验到了语言的韵律美，更在歌词创编与节奏朗诵中，展现了他们无尽的创造力与想象力。而接下来的听力游戏与声音识别活动，将为他们提供更为丰富的听觉体验，让他们在倾听中学习，在快乐中成长。

　　（3）利用听力游戏和声音识别活动来提高孩子的听力技能，让他们在听中学会阅读

　　听力游戏为听觉型学习者铺设了一条提升之路，显著提升了他们耳朵的灵敏度与聆听技巧。在教室里，老师巧妙运用装满各式发声物品的神秘盒子，引领孩子们穿梭于由清脆的铃铛声与沉闷的木鱼声等声音构成的奇妙世界，使他们的辨识能力在互动中飞速提升。面对辨别背景音中混杂的沙锤声的挑战，悦萱以闭目凝神之姿，精准捕捉那一抹独特声响；而明轩则在不断的专注尝试中，实现了从困惑到精准

辨识的华丽蜕变。

"故事听力问答"环节更是将听力训练推向新高潮。老师以《神笔马良》为蓝本，运用多变的语调将角色活灵活现地展现。面对提问，子睿迅速响应，道出马良的善行义举；雅琪则以清晰的逻辑，抽丝剥茧地揭示了坏人的狡诈计谋。这一系列活动，仿佛为孩子们的耳朵装上了精密的"声音捕捉仪器"，使他们能够更加敏锐地捕捉并分析周围环境中的声音信息。

与此同时，视觉型学习者则在阅读的天地里，以眼为笔，以心为墨，描绘出独特的视觉盛宴。他们不仅用眼去发现美，更用手去创造美，将阅读的乐趣转化为创造的灵感，开启了一段段充满想象与探索的阅读之旅。

2. 让视觉型学习者在观察和创造中提升审美和理解能力

视觉型学习者像敏锐的艺术家，对色彩、形状和图像天生敏感。他们擅长借观察与创造去理解世界、表达自我，拥有发现美的眼和富有创造力的手。下面的活动能充分发挥其优势，助力他们在阅读时提升审美与理解能力，畅享视觉盛宴。

（1）组织绘画和手工艺活动，将阅读内容可视化，让孩子在创造中学习

在美术教室里，一场以《神笔马良》为灵感的绘画和手工艺活动热烈展开。墙壁上挂满了五彩斑斓的孩童画作，教室内画笔与手工材料一应俱全，静待创意的火花。

诗涵专注地描绘着马良的形象：他立于金色田野，手持神笔，眼神坚定。细腻的笔触勾勒出飘逸的发丝与生动的衣褶，背景中金山闪

耀，大船待发，每一笔都跃动着故事的生命力。

宇澄则另辟蹊径，以彩泥塑造马良的奇妙世界。小山起伏，金子闪烁，小船上的水手栩栩如生，细节之处尽显匠心。他的作品，如同微缩的奇幻剧场，引人入胜。

嘉豪在同伴的激励下，从犹豫走向自信。起初粗糙的线条，在他的不懈努力下逐渐丰满，色彩与细节让画面焕发生机。他的转变，是勇气与创造力的见证。

在随后的"手工故事书制作"活动中，孩子们以《小红帽》为蓝本，再次展现无限创意。静宜的红衣小红帽模型，活泼可爱，栩栩如生；明轩的大灰狼模型，凶相毕露，却又不失生动趣味。文字与模型的结合，让故事跃然眼前，更加立体。

这些活动，不只是对阅读内容的视觉再现，更是孩子们审美与创造力的飞跃。画笔与彩泥，成为他们连接文字与现实的桥梁，让阅读的世界变得触手可及、色彩斑斓。

这些活动是阅读与艺术的完美融合，是孩子们想象力与创造力的盛宴。他们用稚嫩的手，绘出了属于自己的奇妙世界，让阅读之旅，因创造而更加精彩。

而即将开启的拼图与视觉谜题挑战，将是对孩子们观察力的新一轮考验。在寻找碎片、解开谜题的过程中，他们将继续探索，不断成长。

（2）通过拼图和视觉谜题来锻炼孩子的观察力，让他们在挑战中提升能力

拼图与视觉谜题，如同一个个神秘宝盒，激发着视觉型学习者探索的热情，锻炼着他们的观察力与耐心。

在以《西游记》为主题的拼图活动中，子睿沉醉于孙悟空大闹天宫的壮阔场景，他细心如匠，从边角到细节，逐一拼接，孙悟空的金箍棒在他手下重现。雅琪则踏上了唐僧师徒的取经之路，她以人物为锚，山水为帆，一边拼图，一边回味经典，仿佛与师徒四人同行。

视觉谜题挑战更是将对观察力的考察推向极致。动物园场景中，孩子们化身侦探，仔细搜寻猴子的踪迹。宇澄通过分区统计，连最隐蔽的猴尾也不放过，最终精准计数。悦萱则在古老城堡中寻找神秘宝物，她慧眼识珠，从画像后的钥匙到塔楼上的小盒，一一揭秘，脸上洋溢着成功的喜悦。

这些活动不仅是对观察力的极致挑战，更是对问题解决能力和思维敏锐性的深度锤炼。孩子们学会了在复杂信息中抽丝剥茧、捕捉关键，这种能力的提升，无疑为他们更好地理解阅读内容，乃至应对生活中的种种挑战，奠定了坚实的基础。

而即将到来的寻宝游戏与地图阅读活动，将引领孩子们踏入新的探索旅程，他们的空间智能将在一次次实践中飞跃，他们的成长空间无限，未来可期。

（3）利用寻宝游戏和地图阅读来提高孩子的"空间智能"，让他们在探索中学习

大多数人可能不了解"空间智能"这个词，其实空间智能并不是一个新概念，它作为人类智能的一个重要组成部分，早在 1905 年就受到关注。这个概念依然是前面提到的美国心理学家霍华德·加德纳教授提出的。

这个理论通常是指一个人准确感受视觉空间并将所见形象表现出

来的能力，最著名的例子之一就是男性与女性在记忆交通路线方面的能力差异。当然，它不局限于记忆能力，最主要的是人以三维空间的方式来思考，使自身感知到外在和内在的影像，并能重现这些影像的能力。例如，婴儿期的空间智能萌芽，是从婴儿能够区分父母等人的不同面孔时开始的。

在日常生活中，空间智能不只是人们生活学习中所需的基本能力，更是进行艺术、科学、数学乃至文学活动不可或缺的能力。例如，孩子们通过感知及操作外部世界的空间，培养其空间智能，从"看到"变为"洞察"，从"洞察"转变为"理解"，将"理解"引导为"行动"。这对于他们的整体发展至关重要。

空间智能是视觉型学习者认知世界的重要能力，寻宝游戏和地图阅读活动将为他们提供广阔的探索空间，让他们在实践中提升这一能力，感受空间的奇妙与魅力。

在一个温暖的周末午后，父母与孩子围坐在客厅的沙发上，手中拿着几张简易却充满创意的"家庭寻宝图"，准备开启一场特别的冒险之旅。

这不只是一场游戏，更是一次寓教于乐的家庭活动，旨在通过简单而有趣的寻宝过程，激发孩子的空间智能，培养他们的观察力、想象力和解决问题的能力。父母事先利用家中的物品布局，或者附近的公园景致，精心设计了一系列寻宝线索，每个线索都巧妙隐藏在孩子熟悉的环境中，等待着他们去发现。

寻宝图的设计简洁明了，没有复杂的标记，只有用简单线条勾勒出的家具轮廓、房间布局，或者公园里的标志性景点。父母们用心地将宝藏——那些对孩子来说充满诱惑的小礼物，如彩色的贴纸、精美的书签、心爱的玩具，以及藏着惊喜的小纸条，悄悄藏在了地图所示的位置。

随着"寻宝游戏开始"一声令下，孩子们兴奋地从沙发上跃起，手握寻宝图，眼中闪烁着好奇与期待的光芒。他们开始仔细研究地图上的每一处细节，尝试着将图纸上的信息与现实世界中的景象一一对应。在父母的适时引导下，孩子们学会了如何根据地图上的方向指示，识别家中的房间，或者公园里的路标，一步步接近目标。

每一次发现宝藏的瞬间，都伴随着孩子们雀跃的欢呼声，这不仅仅出于对礼物的喜爱，更是对自己独立解决问题能力的肯定。他们开始意识到，通过观察、思考和尝试，即使在一个看似熟悉的环境中，也能发现新的乐趣和秘密。

当夜幕降临、游戏结束时，父母与孩子围坐在餐桌旁，分享着一天的趣事，其中包括每一次寻宝成功的经验，以及面对困难时的解决方法。这些宝贵的瞬间，不仅增强了亲子间的情感联系，更在孩子的心中种下了探索世界、勇于尝试的种子。

通过这次简单却意义非凡的家庭寻宝游戏，孩子们不仅提升了自己的空间智能，学会了如何在陌生环境中利用地图导航，更重要的是，他们体验到了探索的乐趣。这样的经历，将成为他们成长道路上的宝贵财富，激励他们在未来的日子里，继续以好奇的心态，探索这个多彩的世界。

3. 让动觉型学习者在实践和体验中提升动手能力和身体协调性

在孩子们的学习成长过程中，阅读能力的提升至关重要。而对于动觉型学习者来说，传统的阅读方式往往难以满足他们的需求。通过一系列独特且有趣的实践活动，将阅读与动手、体验相结合，能让他们在快乐中提升阅读能力。接下来，就让我们一同走进这些精彩纷呈的活动。

（1）通过模拟实验和科学项目来实践书中知识，让孩子在实践中学习科学

对于动觉型学习者，单纯的文字阅读难以满足他们的求知欲。将阅读与实践结合的科学实验和项目，可以成为打开他们深度探索知识大门的钥匙。

一次科学阅读课上，老师带来了《电灯亮起来了》一书。李阳，这个好奇的小男孩，立刻被书中的电路世界吸引。他全神贯注地阅读，手指沿着电路图滑动，仿佛与电流共舞。读完书后，动手搭建电路的环节到来。李阳兴奋地拿起材料，但无论怎么尝试，灯泡都不亮。他焦急地重翻书籍，仔细研究每个细节，最终发现导线与电池连接得不紧密。他小心翼翼地调整，当灯泡亮起时，他的脸上绽放出自豪的笑容。这次实践，让电路知识变得清晰易懂，李阳的阅读速度和深度都有了显著提升。

另一次，在阅读《DK 儿童恐龙百科全书》后，孩子们面临制作生物进化模型的挑战。王悦对恐龙进化情有独钟，她像个小科学家一样，认真阅读并记录关键信息。制作模型时，确认恐龙的身体比例成了难题。她反复查阅书籍，调整模型，经过无数尝试，栩栩如生的恐龙模型终于呈现。她还标注出该恐龙每个阶段的特征和进化原因，字体工整。这个过程不仅让她深入掌握书中知识，还锻炼了她的动手能力和总结能力。她在阅读时变得更加主动，能够迅速挖掘关键信息。

大自然也是绝佳的阅读课堂。户外阅读探索之旅，让孩子们在探索中提升阅读力。在森林中，他们观察着树木的年轮，感受着时间的流转；在溪流旁，他们观察着水流的形态，理解着自然的规律。每一次观察，都是一次与自然的对话；每一次对话，都让他们更加深入地理解世界。

这些实践活动，让孩子们在阅读中体验，在体验中成长。他们不仅学到了知识，更学会了如何学习，如何探索。这样的阅读，才是真正的深度阅读；这样的学习，才是真正的主动学习。

（2）组织户外探险和自然观察活动，以自然为课堂，让阅读更生动

大自然，这座无尽的知识宝库，总能在户外探险和自然观察活动中，与阅读紧密相连，赋予孩子们无尽的乐趣与惊喜。

在一个阳光明媚的周末，老师引领孩子们踏入神秘的森林，开启了一场别开生面的户外阅读探索之旅。他们怀揣着《了不起的昆虫》《中国鸟类观察手册》等自然主题书籍，期待着与大自然的亲密接触。

张宇，一个痴迷于鸟类的小男孩，迅速被森林中的鸟鸣声吸引。他翻开《中国鸟类观察手册》，眼神在树林间扫视，不放过任何一个角落。当一声清脆悦耳的鸟鸣响起时，他兴奋地认出那是一只画眉鸟。他仔细记录了画眉鸟的外形特征和叫声特点，还小心翼翼地跟踪观察它的活动。这次经历，不仅让他认识了新的鸟类，更学会了如何将书中知识应用于实际观察，阅读能力也随之提升。

林萱则像一位好奇的小探险家，手持《植物博物馆》，在怪石嶙峋的荒野中仔细搜寻着各种独特植物。当她在一堆砾石间发现一抹奇

异的色彩时，顿时眼前一亮，赶忙凑近查看。只见那植物有着圆润的肉质叶片，叶片上还分布着独特的纹路，颜色与周围环境巧妙融合，若不是仔细观察，很难发现它的存在。她蹲下身，全神贯注地观察这株植物的形态，从叶片的形状、颜色到表面的纹理，每一个细节都不放过。随后，她翻开手中的书籍，认真比对起来。经过一番仔细甄别，她惊喜地确定，这竟然是一株生石花。

林萱环顾四周，留意到生石花所处的生长环境——干燥的土壤、充足的光照，与书中描述的原生环境完美契合。这一发现让她兴奋不已，她深知这种生石花主要生长在非洲西南部，能在中国南方的森林遇见实属难得。林萱怀着敬畏之心，小心翼翼地采集了一小部分样本，打算带回去进一步研究。

而在校园里，运动阅读挑战营，让孩子们在运动中感受阅读的乐趣。他们通过阅读体育类书籍，了解运动技巧，然后在运动中实践这些知识。孩子们在操场上奔跑、跳跃，尽情挥洒汗水，同时也在心中种下了一颗热爱运动、热爱阅读的种子。

无论是户外探险还是校园运动，都让孩子们在阅读中体验，在体验中成长。他们不仅学到了知识，更学会了如何学习，如何探索。这样的活动，让知识不再是书本上的文字，而是成为他们心中鲜活的体验。

（3）"诗词韵律操"——诗词素养提升的独特路径

"诗词韵律操"将诗词的韵律与体操的动感完美结合。孩子们在模仿大白鹅的姿态朗诵《咏鹅》时，不仅锻炼了身体协调性，更在朗朗上口的诗词中感受到了传统文化的魅力。

孙悦是这项活动中的佼佼者，她对诗词的热爱如同鱼儿离不开水。为了完美融合动作与诗词韵律，她每日刻苦练习，对着镜子反复琢磨每个动作的细节，调整幅度、速度和力度，力求每一个动作都能与诗词的韵律完美契合。正式表演时，她全身心投入，动作韵味十足，朗诵饱含情感，仿佛与诗人共游于诗词的美妙意境之中。这次经历，不仅让她深刻记住了诗词内容，更让她对诗词的韵律有了更深的理解，阅读能力因此得到了显著提升。

（4）以戏剧形式演绎经典，探寻书中角色的性格和情感

学校精心策划的"戏剧阅读表演"活动，无疑为孩子们提供了一个展示自我、深入理解故事的舞台。通过对《小红帽》这一经典童话的演绎，孩子们不仅锻炼了表演才能，更在阅读与表演的过程中，对故事有了更深层次的理解。

陈瑶对小红帽角色的深情投入，正是这次活动成果的一个缩影。她通过反复阅读、仔细琢磨，将小红帽的纯真、活泼、恐惧等表现得淋漓尽致。她的表演之所以如此生动，是因为她真正走进了小红帽的内心世界，与角色产生了共鸣。这种共鸣，不仅让她在舞台上大放异彩，更让她在阅读其他故事类书籍时，能够更快地理解角色的性格和行为动机，使她的阅读变得更加有趣和高效。

除了陈瑶，其他参与活动的孩子们同样受益匪浅。他们通过演绎不同的角色，体验了不同的人生和情感。在排练和表演的过程中，他们学会了如何表达情感、如何与他人合作、如何面对挑战。这些经历，不仅提升了他们的阅读能力，更培养了他们的团队合作精神、沟通能力和解决问题的能力。

这些丰富多彩的活动，让阅读不再局限于书本上的文字，而是成为一种全方位的体验。孩子们在实践中学习，在体验中成长；他们的

阅读能力、理解能力、表达能力都得到了显著的提升。

让阅读成为孩子们成长道路上的伙伴，让知识成为他们探索世界的武器。

AI 应用　让 AI 生成适合的阅读活动方案

在数字化浪潮席卷教育领域的当下，人工智能技术正逐步改变着传统教学模式。AI 作为先进的工具，为满足不同学习类型孩子的阅读需求提供了创新路径。通过精准匹配孩子的学习类型，AI 能够生成高度个性化的阅读活动方案，有效提升孩子的阅读能力和学习兴趣。

听觉型孩子在声音的海洋中如鱼得水。借助强大的语言生成能力，DeepSeek 可以依据孩子的年龄、阅读水平和兴趣爱好，生成涵盖童话、寓言、科普等多种题材的故事。例如，为低年级孩子生成生动有趣的童话故事，用富有感染力的声音演绎，激发他们对阅读的热爱；为高年级孩子提供科普类有声读物，帮助他们拓宽知识面。

视觉型孩子对视觉信息的捕捉和处理能力极强。豆包可以生成丰富多样的图片素材，作为他们创作故事的灵感源泉。当面对一幅描绘神秘森林的图片时，豆包能引导孩子观察图片中的每一个细节，如古老的树木、灵动的动物、蜿蜒的溪流等。孩子在创作故事的过程中，可以充分发挥想象力，将静态的图片转化为情节丰富的动态故事。这种方式极大地激发了视觉型孩子的创造力，同时也提升了他们的阅读理解和写作能力。在创作完成后，还可以通过组织故事分享会，让孩子们互相交流作品，进一步拓展思维。

动觉型孩子难以长时间安静地阅读，他们更需要通过身体活动来理解知识。当孩子阅读关于动物的书籍时，即梦 AI 可以生成与书籍内容紧密结合的互动式动画，展示并讲解动物的生活习性和动作特点，引导孩子模仿。

随着人工智能技术的不断进步，AI 在教育领域的应用前景将更加广阔。它将为更多孩子提供量身定制的学习方案，帮助他们充分发挥自身优势，在阅读中收获知识和乐趣。

第 **4** 章

阅读力启蒙，
让孩子爱上文字和阅读

0 ～ 3 岁的阅读启蒙为孩子打开了文字世界的大门，而随着孩子逐渐成长，阅读能力也会不断进阶。从蹒跚学步到走进校园，不同阶段的阅读引导各有重点，层层递进。接下来，我们将分龄段探讨阅读力培养的关键方法，助力孩子稳步前行。

第 1 节 ▶

0 ～ 3 岁：进入文字世界的第一步

在孩子的成长过程中，0 ～ 3 岁是一段充满无限可能与惊喜的时光。这个阶段的孩子，对周围的一切都充满了好奇，正蓄势待发，准备探索这个世界。而阅读，就如同第一缕阳光，照亮了他们进入文字世界的道路，成为开启智慧之门的重要钥匙。

1. 父母的声音：孩子的第一本"书"

在孩子生命的最初阶段，父母的声音宛如天籁，是他们接触到的最温暖、最亲切的"读物"。从宝宝呱呱坠地的那一刻起，父母温柔的呢喃、轻声的哼唱，就如同涓涓细流，滋润着孩子的心田。这种声音，不仅仅是简单的声波传递，更是情感的纽带，连接着父母与孩子的心灵。

想象一下，在静谧的夜晚，宝宝躺在柔软的小床上，父母坐在床边，轻轻地为宝宝朗读一首童谣。此时，父母的声音就像一根神奇的魔法棒，为宝宝构建出一个充满童趣的世界，小兔子、大灰狼仿佛就在眼前跳跃。

　　父母的声音具有独特的魅力，它能够传递出丰富的情感。当父母用欢快的语调讲述一个有趣的故事时，宝宝能感受到其中的喜悦；当父母用轻柔的声音安抚宝宝时，宝宝能从中获得安全感。这种情感的传递，是任何书籍都无法替代的。而且，父母的声音可以根据宝宝的反应随时调整，宝宝如果表现出好奇，父母可以放慢语速，更加绘声绘色地描述；宝宝如果有些困倦，父母则可以用更轻柔的声音，如同催眠曲一般，陪伴宝宝进入甜美的梦乡。所以说，父母的声音，是孩子人生中的第一本"书"，也是最珍贵的启蒙读物。

2.0 ～ 3 岁阅读材料：简单、重复、有趣的选择 [①]

　　对于 0 ～ 3 岁的宝宝来说，这个阶段是他们认知能力初步发展的黄金时期。阅读作为一种重要的早期教育方式，在宝宝的成长过程中扮演着举足轻重的角色。合适的阅读材料不仅能够吸引宝宝的注意力，激发他们对阅读的兴趣，还能在潜移默化中促进宝宝的语言发展、认知能力提升以及情感和社交技能的培养。然而，由于这个阶段宝宝的认知特点和发展需求具有特殊性，选择符合他们年龄特点的阅读材料至关重要。接下来将介绍一些市面上容易买到的早教类图书。

（1）内容简单、有重复的图案和文字的布书

　　布书是让宝宝接触阅读的绝佳选择之一。从材质上看，它的质地柔软，触感舒适，非常适合宝宝娇嫩的小手抓握和翻阅。与普通纸质书不同，布书具有一定的耐用性，能够经得起宝宝的"折腾"，比如

---

① 陈苗苗，李岩. 1000 天阅读效应［M］. 北京：中国妇女出版社，2019：82-110.

宝宝可能会啃咬、拉扯书页，但布书一般不会轻易损坏。

布书的内容通常非常简单，以日常生活中的常见事物为主题，这些事物是宝宝在日常生活中经常接触到的，容易引起他们的共鸣。例如，常见的水果、动物、交通工具等都是布书常见的主题。

不仅如此，布书在设计时往往会出现一些重复的元素。比如在介绍水果时，会重复出现"这是什么呀？这是……"这样的句式。这种重复的设计对于宝宝的学习和认知有着重要的作用。宝宝在翻阅这本书时，会不断地看到熟悉的句式和图案，逐渐加深对这些事物的认识。此外，布书还可以通过一些巧妙的设计增加趣味性。比如有的布书会在水果图案上添加一些立体的元素，如苹果上的小叶子是立体的，宝宝可以触摸感受叶子的形状和质感，这种多感官的体验能够进一步加深宝宝对水果的认识。有些布书还会设置一些小机关，像可以翻开的小布片，下面藏着水果的切面图，宝宝在翻开布片阅读的过程中，会有新的发现，从而更加投入。

除了水果主题，以动物为主题的布书也深受宝宝喜爱。在一本关于动物的布书里，有可爱的小狗、温顺的小猫、威风的老虎等动物形象。每只动物旁边都配有简单的动作描述，如"小狗在跑""小猫在跳"，并且同样采用了重复的句式。宝宝在阅读过程中，不仅认识了不同的动物，还能对动物的动作有初步的认知。而且，布书的颜色搭配也十分讲究，鲜艳的色彩能够刺激宝宝的视觉发育，吸引他们的注意力。

（2）包含精美画面和逼真声音的发声书

发声书为宝宝的阅读体验增添了全新维度。这类书巧妙融合了视觉与听觉元素，一经出现便迅速成为宝宝们的"心头好"。从画面设计来看，发声书的书页上往往印着色彩斑斓、栩栩如生的图案，这些图案的绘制非常精细，能够吸引宝宝的注意力。图案的主题丰富多样，从可爱萌趣的小动物，到充满奇幻色彩的童话场景，每一幅画面都像是精心雕琢的艺术品，牢牢吸引宝宝的目光。

发声书的声音设计十分精妙，不仅有动物叫声，而且在讲述故事时，还会根据情节变化切换不同音效。若是一个关于下雨天的故事，书页上绘制着雨滴落下、积水成洼的画面，按下按钮，便能听到淅淅沥沥的雨声，配合轻柔的背景音乐，让宝宝身临其境地感受雨中世界。这种视听结合的方式，极大地丰富了宝宝的阅读感受，让他们沉浸在故事营造的氛围中，加深对故事内容的理解与记忆。而且，操控发声书的按钮对宝宝来说也是一种锻炼，能提升他们的手眼协调能力和反应能力。宝宝在寻找按钮、按下按钮的过程中，需要集中注意力，协调手部动作，这对于他们的精细动作发展有着积极的促进作用。

此外，发声书还可以通过声音来引导宝宝的阅读。比如在讲述故事时，会有一个清晰的旁白声音，用温柔、亲切的语调讲述故事内容，宝宝在听故事的过程中，能够逐渐熟悉语言的节奏和韵律，为语言发展打下基础。一些发声书还会在故事中设置互动环节，比如在某个情节处，旁白会提问：“小朋友们，猜猜接下来会发生什么呢？”然后暂停一下，给宝宝思考的时间，再继续讲述。这种互动方式能够增强宝宝的参与感，让他们更加专注于故事内容。

除了上述主题的发声书，关于海洋世界的发声书也很受欢迎。这类书中描绘了五彩斑斓的海底世界，有可爱的小丑鱼、庞大的鲸鱼、灵活的海豚等海洋生物。宝宝按下按钮，能听到小丑鱼的游动声、鲸鱼低沉的鸣叫声以及海豚悦耳的口哨声。同时，书中还会介绍这些海洋生物的生活习性和特点，让宝宝在欣赏画面和声音的同时增长知识。

（3）手感友好的触摸书

除了布书和发声书，还有一种带有特殊纹理的触摸书，对宝宝的触觉发展有着极大的帮助。从触觉发展的角度来看，0～3 岁的宝宝正处于通过触摸来认识世界的阶段，触摸书为他们提供了一个很好的探索工具。

这类书通常在页面上添加各种不同质地的材料，如用毛茸茸的布料代表小动物的毛发，用粗糙的砂纸模拟树干的表面，用光滑的塑料片象征着镜子等。这些不同质地的材料被巧妙地融入书页的设计，与书中的内容相呼应。当宝宝翻开这样的书，用小手触摸这些不同的纹理时，他们能够直观地感受到物体的不同特性。

比如，宝宝触摸到毛茸茸的布料时，家长可以在旁边说："宝宝，这是小兔子的毛，软软的、毛茸茸的，是不是很舒服呀？"通过这样的方式，宝宝不仅能够感受到不同的触觉刺激，还能将触觉与书中的物体形象联系起来，从而更好地理解物体的属性。宝宝在触摸粗糙的砂纸时，会感受到其与光滑表面的不同，从而对树干的质地有一个初步的认识。这种多感官参与的阅读方式，能够极大地激发宝宝的阅读兴趣，促进他们大脑的发育。

此外，触摸书还可以通过一些互动设计增加趣味性。比如，有的触摸书会在页面上设置一些隐藏的纹理区域，宝宝需要通过触摸来寻找这些区域，增加了阅读的探索性和趣味性。同时，触摸书还可以结合简单的文字描述，让宝宝在触摸的同时学习相关的词汇，如"柔软""粗糙""光滑"等，丰富宝宝的词汇量。

还有一些触摸书会以不同的自然场景为主题，如森林主题的触摸书。此类书中不仅有模拟树干的粗糙砂纸纹理，还有模拟树叶的柔软丝绸纹理，以及模拟草地的毛绒布料纹理。宝宝在触摸这些不同的纹理时，仿佛置身于森林之中，能够更真切地感受大自然的不同质感。同时，书中还会配有简单的文字介绍，如"这是大树的皮肤，摸起来有点粗糙哦""这片叶子好柔软呀"，帮助宝宝将触觉感受与语言表达联系起来，进一步提升他们的认知能力。

（4）充满趣味的洞洞书

洞洞书是一种充满趣味性的阅读材料，它通过在书页上设计各种形状的洞洞，让宝宝可以透过洞洞看到下一页的部分内容，从而激发他们的好奇心，促使他们不断地翻页探索。

从设计原理来看，洞洞书的洞洞设计是一种巧妙的悬念设置。宝宝在看到洞洞中露出的部分图案时，会产生一种想要知道完整内容的欲望，这种好奇心会驱使他们去翻页。例如，一本关于动物的洞洞书，第一页上有一个圆形的洞洞，宝宝透过洞洞看到一个圆圆的、黑白相间的图案，他们会好奇这是什么。当翻开下一页时，发现原来是一只可爱的大熊猫，宝宝会因为自己的"发现"而感到兴奋和开心。

这种设计能够有效地吸引宝宝的注意力，培养他们的观察力和探索精神。宝宝在透过洞洞观察时，需要仔细分辨洞洞中的图案细节，这对于他们的观察力是一种很好的锻炼。而且，在翻页的过程中，宝宝还能练习手部的精细动作，提高手眼协调能力。宝宝需要用手指捏住书页，轻轻翻动，这对于他们手部小肌肉群的发育有着积极的作用。

此外，洞洞书还可以通过洞洞的形状和位置设计来增加趣味性。比如有的洞洞书会设计一些不规则形状的洞洞，或者将洞洞设置在书页的不同位置，让宝宝在探索的过程中充满惊喜。同时，洞洞书还可以结合简单的文字提示，引导宝宝进行思考和猜测，如"猜猜看，这个圆圆的东西是什么？"这样的文字提示能够培养宝宝的思维能力，让他们在阅读中更加积极主动。

一些洞洞书还会采用递进式的洞洞设计，比如透过第一页的洞洞只能看到动物的一部分，透过第二页的洞洞能看到更多的部分，直到最后一页才完全展现出动物的全貌。这种设计增加了阅读的层次感和趣味性，让宝宝在不断翻页的过程中，逐步揭开谜底，获得更多的惊喜和满足感。还有一些洞洞书会结合故事内容，使洞洞的出现与故事情节相呼应，比如在讲述一个寻找宝藏的故事时，洞洞就像是一个个线索，宝宝通过洞洞看到的内容引导着他们继续寻找宝藏，使阅读过程更加有趣和富有挑战性。

（5）激发宝宝动手乐趣与探索欲的推拉书

《小熊很忙》系列绘本，凭借其匠心独运的设计，为宝宝们开启了一场妙趣横生的阅读之旅。它巧妙地将各种推拉机关融入书页之中，让宝宝瞬间沉浸在一个充满活力与探索的世界里。

就拿《小熊很忙：小小消防员》这本书来说，其书页构造十分精妙。宝宝翻开这本书，会发现书页间暗藏玄机。在描绘消防场景的页面上，有一个小小的消防车图案，它被安置在特制的轨道卡槽里。宝宝用小手轻轻推动消防车，消防车便沿着轨道顺畅滑行，好似真的在奔赴火灾现场一般。书页上绘制的熊熊烈火、焦急等待救援的小动物们，以及忙碌奔走的其他消防员形象，与可滑动的消防车相互映衬，瞬间让静态的画面鲜活起来，营造出紧张而又刺激的消防救援情境，牢牢吸引宝宝的目光。

在某一页，宝宝推动消防车来到着火的房子前，此时拉动书页上的另一个拉环，小熊消防员便从消防车中迅速跳出来，朝着着火点奔去。这个动态的过程就像一场真实的救援行动在眼前上演，宝宝仿佛置身其中，为小熊消防员的勇敢行动而激动不已。每一次拉动书页都会带来全新的惊喜，极大地满足了宝宝对未知情节的好奇与探索欲。

在宝宝操作这些推拉机关的过程中，其手部肌肉群得到了充分锻炼。他们需要精准地拿捏消防车的滑块和拉环，小心翼翼地控制推动和拉动的力度与方向，这对于宝宝手部小肌肉群的发育至关重要。同时，宝宝的眼睛时刻关注着书页上画面的变化，与手部动作紧密配合，手眼协调能力在这一过程中得到显著提升，大脑对手部动作的控制与协调也愈发熟练。

3. 把书中场景"搬到"现实生活中

阅读不仅仅局限于书本之中，将书中的场景与现实生活相结合，能够让宝宝更加深刻地理解和记忆书中的内容，同时也能增强他们对生活的感知能力。

（1）场景体验：带孩子去感受滑梯和秋千

当给宝宝讲述完一个关于公园的故事后，带他们去真实的公园体验一番，会让他们对故事有更直观的感受。想象一下，故事里描述了小朋友在公园玩耍的场景，那里有五颜六色的滑梯和高高的秋千。当家长带着宝宝来到公园，小家伙一眼就望见色彩鲜艳的滑梯，一定会兴奋地喊："爸爸妈妈，这就是故事里的滑梯呀！"然后迫不及待地想要去体验一下。

这种实际体验，能够让宝宝将抽象的故事内容与现实世界紧密相连，不仅加深了他们对故事的理解，还能丰富他们的生活经验，培养他们对周围环境的观察力和感知力。宝宝在公园里还可以观察其他小朋友的行为，学习如何与他人相处和分享自己的体验。他们可以看到公园里的花草树木，感受大自然的美好，这些都能够拓宽宝宝的视野，丰富他们的认知。

此外，在带宝宝去公园的过程中，家长可以与宝宝进行互动交流，引导宝宝思考和表达，提高他们的语言表达能力。家长还可以给宝宝介绍公园里的不同设施和植物，让宝宝在玩乐的同时增长知识。

如果故事里描述了公园里的小动物，比如小松鼠、小鸟等，家长可以带着宝宝一起在公园里寻找这些小动物，进一步加深宝宝对动物的认识，同时也让宝宝感受到大自然的神奇和美妙。

（2）角色扮演：故事里有医生看病，可以让宝宝扮演医生，给玩具看病

角色扮演是一种非常有趣且有效的方式，能够让宝宝深入理解书中的内容。比如，在给宝宝讲了一个医生给病人看病的故事后，可以准备一些简单的道具，如玩具听诊器、小针筒等，让宝宝扮演医生，给玩具小熊、小兔子等"看病"。

通过这种角色扮演，宝宝能够将书本知识转化为实际行动，提高他们的语言表达能力、社交能力和解决问题的能力。宝宝在与玩具互动的过程中，需要用语言表达自己的想法和指令，这对于他们的语言

发展有着积极的促进作用。同时，宝宝在扮演医生的过程中，需要考虑玩具的"病情"和治疗方法，这能够锻炼他们的思维能力和解决问题的能力。

此外，角色扮演还可以促进宝宝的情感发展。这不仅能够提高宝宝的语言表达和沟通能力，还能培养他们的同理心。

如果故事里有多个角色，比如除了医生和病人，还有护士、药剂师等，家长可以和宝宝分别扮演不同的角色，进行更加复杂的角色扮演游戏。这样可以让宝宝更好地理解不同角色的职责和关系，提升他们的社交意识和合作能力。

AI 应用　生成情景化识字任务周计划

以"5 岁""掌握 300 字"为指令条件生成情景化识字任务周计划应用示例。

第一步　输入提示词

打开 AI，输入提示词。

请为 5 岁儿童设计一周情景化识字计划，目标为掌握 300 字。要求如下。

- 每天 3 个生活场景（如超市、公园、厨房）
- 每个场景包含 5 个互动游戏
- 用儿歌、绘本或角色扮演实现
- 输出为表格格式

示例输出片段见表 4-1。

表 4-1　情景化识字任务周计划片段（AI 生成）

星期	场景	活动设计	目标汉字
星期一	超市	1. 购物清单寻宝（找商品标签） 2. 价格牌比大小游戏 3. 水果区汉字贴贴乐	果、奶、价、斤、购
星期二	厨房	1. 食材包装袋汉字拼图 2. 调料瓶识字盲摸盲猜 3. 菜谱步骤跟读	米、油、煮、切、甜
星期 N		……	

第二步　优化生成内容

若需调整难度，输入指令："请降低游戏复杂度，增加肢体动作类活动"。

若需补充资源，输入指令："推荐 3 本适合该计划的识字绘本，附购买链接"。

第三步　落地执行

打印 / 导出计划，输入指令："将表格转换为 PDF，字号调大方便打印"。

每日根据孩子反馈，灵活调整计划，输入示例："今天的'公园寻字游戏'孩子觉得枯燥，请替换为 2 个新方案"。

4 ~ 6 岁：高频汉字识字，培养阅读兴趣

在孩子成长的过程中，4 ~ 6 岁又是一个关键的转折点。对于这个阶段的孩子，阅读资料通常是以图画为主、文字为辅的图画书，内容多为童话故事。而进入小学后，孩子则需要系统地学习语文知识，此时的阅读材料不仅文字量增加，而且种类更为广泛，包括寓言、小说、诗歌等多种。[①]

1. 识字游戏：在游戏中体验学习汉字的乐趣

游戏，本就是孩子们与生俱来的天性，将识字巧妙地融入游戏之中，能让原本枯燥的学习过程变得轻松愉悦、充满趣味。对于 4 ~ 6 岁的孩子而言，这种寓教于乐的独特方式，往往能够收获事半功倍的显著成效。

（1）汉字拼图游戏

精心准备一套设计精巧的汉字拼图，每一块拼图之上，都清晰地写着一个简单却极具代表性的汉字，诸如"日""月""山""水"等基础象形字。游戏伊始，将拼图肆意打乱，邀请孩子凭借自身敏锐的观察力与灵动的思维，亲手拼凑出完整的汉字。当孩子着手拼凑"日"字拼图时，映入眼帘的四四方方的形状，会自然而然地在他们脑海中勾勒出太阳的轮廓。此时，家长可在一旁适时引导："宝贝，你仔细

---

① 赵芝琴. 幼小衔接视角下的幼儿园早期阅读能力培养策略探析［J］. 中文科技期刊数据库（文摘版）教育，2025，（1）：95.

瞧瞧这个'日'字，是不是和那光芒万丈、高悬天际的太阳极为相似呀？"这般形象生动的比喻，宛如一座桥梁，能够助力孩子深刻理解汉字的内涵与外形之间的紧密关联。待孩子成功完成拼图后，家长与孩子一同大声念出这个汉字，进一步强化记忆效果。随着孩子识字量稳步增长，不妨逐步提升拼图的难度，适时引入"花""草""树"等笔画稍显繁杂的汉字，促使孩子在不断挑战中持续突破自我，稳步进步。

在进行汉字拼图游戏时，还可以融入一些小小的竞赛元素。比如，家长和孩子一起比赛，看谁能在更短的时间内完成拼图。这不仅能激发孩子的竞争意识，还能让游戏氛围更加热烈。而且，在孩子完成拼图后，家长还可以鼓励孩子说一说这个汉字能和哪些字组成词语，像"日"字，孩子可能会说出"日子""日光""生日"等，进一步拓展孩子对汉字的认知。

（2）汉字卡片翻翻乐

手工制作一套别具匠心的汉字卡片，两张卡片为一组，其中一张卡片上端端正正地书写着汉字，另一张对应的卡片上则精心绘制与该汉字紧密相关的精美图案。例如，一张写着"牛"字，另一张便绘有一头憨态可掬、栩栩如生的小牛形象。游戏开始，将卡片整齐地倒扣在桌面上，孩子与家长依次轮流翻卡，每次翻开两张。倘若翻开的两张卡片，一张为汉字，另一张恰好是对应的图案，参与者便可兴高采烈地拿走这两张卡片并清晰、洪亮地念出该汉字。假设孩子先翻开写有"鸟"字的卡片，紧接着又翻开画着小鸟的卡片，瞬间便会兴奋地高呼："我找到啦，这是'鸟'字！"这个游戏不仅能够有效锻炼孩子的记忆力，更能在寻找匹配的过程中，极大地加深他们对汉字与实物对应关系的深刻认知。亲子之间的互动竞赛，为游戏增添了浓厚的趣味性和紧张感，充分激发孩子的学习积极性。

为了让汉字卡片翻翻乐更具挑战性和趣味性，家长可以定期更新卡片内容。比如，根据季节变化，在春天加入"花""草""蝴蝶"等相关词语和画有对应图案的卡片；在冬天则换上"雪""冰""棉袄"等。同时，还可以设置一些小奖励：集齐一定数量的正确卡片组合后，孩子就能获得一个小贴纸或一颗小糖果，激励孩子更积极地参与游戏。

（3）汉字猜猜猜

家长在脑海中默想一个汉字，随后巧妙地给出一些线索，引导孩子开动脑筋，猜出答案。比如，家长描述："这是一种动物，浑身雪白，耳朵长长的，尾巴短短的，最爱吃胡萝卜。"孩子稍加思索，便能脱口而出"兔"字。接着，家长可顺势引导孩子拆解这个汉字的笔画，进一步强化孩子对汉字结构的认知。或者，家长也可以通过描述汉字的字形特点来启发孩子，如"这个字由两个'木'组成，寓意众多树木汇聚之处"，引导孩子猜出"林"字。此类游戏方式，不仅能够锻炼孩子的思维能力与对汉字的理解能力，同时还能极大地增进亲子之间的情感交流与默契。

除了描述汉字的特征和字形，家长还可以从汉字的读音入手。比如，先说一个汉字的读音，然后描述它的意思，让孩子猜。像"这个字读'māo'，它是一种可爱的小动物，喜欢抓老鼠"，孩子就能猜出"猫"字。此外，家长还可以和孩子互换角色，让孩子来想汉字，给家长出谜题，这样能让孩子更深入地理解汉字，同时增强自信心。

2.4 ~ 6 岁阅读材料：图画与简单文字的结合

鉴于这一阶段孩子的认知特性，图画与简单文字相得益彰的读物，无疑是开启他们阅读之门的绝佳选择。这类读物既能充分满足孩子对绚丽多彩、生动形象画面的喜爱，又能助力他们逐步适应文字阅读，稳步培育阅读兴趣。

（1）经典绘本

以《猜猜我有多爱你》为例，书中运用简洁而温馨的文字，搭配细腻入微、动人心弦的插画，栩栩如生地描绘了小兔子和大兔子之间充满爱意的深情对话。画面中，小兔子奋力伸展手臂、俏皮倒立等一系列可爱举动，形象地诠释了它对大兔子那无尽的爱，而旁边"我爱你有这么多""我爱你一直到我的脚趾头"等简单质朴的文字，让孩子在沉醉于画面的同时，能够轻松领会文字的深刻含义，深切感受故事中所蕴含的浓厚亲情。又如《大卫，不可以！》，书中夸张的画面活灵活现地展现了大卫调皮捣蛋的各种场景，每个画面下方"大卫，不可以挖鼻孔""大卫，不可以把玩具弄得到处都是"等简单明了的文字说明，让孩子在捧腹大笑之余，能够明晰生活中的一些基本规则，同时也自然而然地学会了相关的汉字。这些经典绘本凭借其精彩绝伦的故事和精美绝伦的画面，深深吸引着孩子，成为他们阅读旅程中不可或缺的亲密伙伴。

在阅读经典绘本时，家长可以引导孩子观察画面中的细节。比如在阅读《猜猜我有多爱你》时，问问孩子小兔子和大兔子的表情有什么不同，从它们的表情能看出什么。读完后，还可以和孩子一起讨论自己对家人的爱可以怎么表达，将绘本中的情感延伸到生活中。对于

《大卫，不可以！》，家长可以和孩子一起回忆自己有没有像大卫一样调皮捣蛋的时候，以及当时爸爸妈妈是怎么说的，让孩子更好地理解规则和爱。

（2）桥梁书

桥梁书在助力孩子们从满是绚丽图画的绘本，平稳过渡到纯文字书籍的阅读征程里，有着举足轻重的地位。就拿经典佳作《兔子坡》来讲，这本书里那一幅幅细腻的黑白插图，与质朴却饱含深情的文字配合得恰到好处。

《兔子坡》讲述了兔子坡上的小动物们迎来新邻居后的一系列趣事。比如，书中在描写小乔奇在跟着老爹前往双生桥的途中躲避猎犬追逐的场景时写道："暖暖的太阳洒在小乔奇身上，他感觉全身的筋骨都舒展开了。他的步子越迈越大、越跳越高，他从来没觉得自己如此强壮有力……"文字生动形象，简单易懂。

孩子们翻开这本书，看到插图里活泼机灵的兔子、憨态可掬的小松鼠等小动物，立马就能进入兔子坡这个充满生机的世界，理解故事的情节发展。书中运用的都是日常生活中常见的字词和简单句式，孩子们在阅读过程中，既能被小动物们有趣的生活和冒险故事深深吸引，又能轻松地与高频汉字碰面，逐步提升阅读文字的本领，为日后阅读那些内容更丰富、文字更复杂的书籍筑牢根基。

家长和孩子共读《兔子坡》时，不妨放手让孩子先自主阅读文字部分，当孩子遇到不认识的字时，适时给予援手。读完故事后，亲子间来一场充满趣味的角色扮演。比如在"新邻居到来"这一情节中，孩子可以扮演活泼勇敢的小乔奇，家长扮演沉稳睿智的老爹，双方模仿着书中角色的口吻交流互动，真切地感受兔子坡的奇妙氛围，从而更深入地领悟故事内涵。在阅读过程中，家长还能巧妙地引导孩子关注书中的标点符号，比如逗号表示短暂停顿，省略号暗示意犹未尽，让孩子对标点符号有初步的感知，为今后的阅读和写作积累宝贵经验。

3. 4 种实用的亲子阅读游戏

儿童心理学家让·皮亚杰认为，游戏是一种儿童在已有经验与认知范围内的活动，是把现实同化于活动本身及认知发展的一个方面，这种活动具有阶段性，同时儿童会根据自我需要适应现实。[①] 因此，亲子阅读绝非仅仅是读故事给孩子听，而是需要将阅读与游戏巧妙结合——角色扮演、场景模拟等游戏化方式，既能充分调动孩子的参与热情，又能使他们在阅读中习得的知识技能在游戏实践中自然巩固，为后续学习打下认知基础。

（1）阅读成就星星瓶

准备一个晶莹剔透的透明瓶子和一些色彩斑斓、绚丽多彩的星星贴纸。每次孩子与家长全情投入、认真读完一本书后，孩子便可在星星贴纸上郑重其事地写下这本书的名字，或者一个自己最喜欢的书中角色，而后小心翼翼地将星星贴纸贴在瓶身上。比如读完《金银岛》后，孩子会在贴纸上写下"金银岛"三个字，满心欢喜地将贴纸贴在瓶身空白处。随着阅读的书籍日益增多，星星瓶上的星星也会愈发璀璨夺目。瓶子外壁被小星星贴满，孩子内心被成就感充盈。看着星星

---

① 皮亚杰. 教育科学与儿童心理学［M］. 傅统先，译. 北京：文化教育出版社，1981：157-158.

一颗一颗汇聚，如同收集一个个发光的故事，孩子对阅读的期待也会越来越强烈，因为每一颗星星都承载着一段愉快而难忘的阅读记忆。

（2）图书寻宝游戏

家长化身"宝藏猎人"，在家中的各个角落精心藏起孩子心仪已久的书籍，随后递上一张精心绘制、别具一格的"寻宝地图"。地图以简单直观的图画（如沙发图案）与清晰明了的文字（如标注"客厅沙发下"）标注出书籍可能藏匿的地点。孩子手持地图，兴致勃勃地开启寻宝之旅。当成功寻得书籍后，孩子便可与家长一同坐下来，沉浸在阅读的乐趣之中。此游戏充满趣味性，孩子在寻宝过程中，对书籍满怀好奇与期待，不仅培养了观察力与探索精神，寻得书后的阅读环节，更能让孩子尽享阅读的美妙乐趣。

在图书寻宝游戏中，家长可以增加一些难度和趣味性。比如，在地图上设置一些小谜题，孩子需要解开谜题才能找到下一个线索。或者，将不同类型的书籍藏在不同的区域，如在书房的书架下藏一本科普书，在卧室的枕头下藏一本童话故事书，让孩子根据地图上的提示，找到相应类型的书籍。而且，寻宝结束后，家长可以和孩子一起分享找到的书籍，说说为什么选择把这本书藏在那个地方，增加亲子之间的交流。

（3）故事接龙

家长率先抛出一个精彩的故事开头，如："在一片神秘幽深、古木参天的森林里，住着一只活泼机灵、聪明可爱的小猴子。一日，小猴子像往常一样，准备去查看自己储存的美味果实，却惊讶地发现果实不见了。"接着鼓励孩子充分发挥想象力，续写故事。孩子或许会说："小猴子心急如焚，赶忙跑去询问森林里的小伙伴。它最先碰到了小松鼠，小松鼠告诉它，早上看到一只狐狸鬼鬼祟祟地在附近出没……"在孩子讲述的过程中，家长适时引导，如询问孩子："那小猴子听了小松鼠的话，会怎么做呢？"故事收尾后，家长与孩子携手将故事记录下来，遇到不会写的字，以拼音替代。此游戏能够极大地锻炼孩子的想象力与语言表达能力，让孩子在轻松愉悦的氛围中接触更多文字，有效提升阅读与写作能力。

为了让故事接龙更加丰富有趣，家长可以和孩子约定一些故事主题，比如"魔法世界""动物王国""太空冒险"等。在孩子讲述故事时，家长还可以提出一些建议，让故事更加精彩。比如孩子说小猴子去找狐狸，家长可以问："小猴子自己去会不会有危险呀？它有没有找其他小伙伴一起帮忙呢？"此外，将故事记录下来后，家长可以和孩子一起给故事配上插图，制作成一本属于他们自己的小书。

（4）知识问答竞赛

家长挑选孩子近期读过的书籍，依据内容精心设计一系列问题，与孩子展开一场别开生面的知识问答竞赛。比如读完《三只小猪》后，家长问："三只小猪离家后，分别用什么材料盖房？"孩子答："第一只小猪用稻草，第二只小猪用木头，第三只小猪用砖头。"每答对一题，孩子就可以收获一枚小贴纸，最后家长统计贴纸数量，给予相应奖励。此游戏促使孩子在阅读时专注细节，检验孩子对书籍的理解程度，激发竞争意识，让阅读妙趣横生。

在知识问答竞赛中，家长可以设置不同难度的问题：简单的问题让孩子轻松得分，增强自信心；较难的问题则可以引导孩子回顾书中的细节，加深对书籍的理解。比如对于《三只小猪》，简单问题可以是"三只小猪中谁最勤劳"，较难问题可以是"第三只小猪为什么选择用砖头盖房子"。而且，奖励可以多样化，除了小贴纸，还可以是一本孩子喜欢的新书、一次去公园的机会等。此外，家长可以和孩子一起制作一个问答竞赛的排行榜，记录每次竞赛的成绩，让孩子更有参与动力。

4. 引入科普读物，让孩子爱上科学

4 ~ 6 岁的孩子对周围世界充满好奇，此时引入科普读物并结合生活实例与简单实验，既能激发他们的科学兴趣，也能让他们在阅读中积累汉字。

（1）生活中的科学现象

在日常生活中，诸多科学现象宛如璀璨的明珠，等待着孩子去发现和探索。当孩子仰望着天空的彩虹并发出惊叹时，家长可以适时翻开一本自然科学类科普读物，与孩子共读与"彩虹是怎样形成的"相关的内容。书中或许会以简单易懂的文字阐释："彩虹源于阳光在雨后的小水滴中发生的折射与反射。"同时搭配一幅形象生动的插图，清晰展示阳光穿过水滴的过程。家长还可进一步拓展，如用三棱镜将阳光分解成七种绚丽的颜色，让孩子直观感受光的折射现象。通过这种方式，孩子既学习了科学知识，又在阅读中认识了"彩虹""阳光""折射""反射"等汉字，对科普读物的兴趣也会日益浓厚。

家长还可以引导孩子主动寻找生活中的科学现象：夜晚和孩子观察月亮的变化，共读与月相相关的科普读物，解开"月亮为什么有时圆，有时弯"的谜题；下雨天和孩子观察雨滴落下的形状，探讨"为什么雨滴是近似圆形的"。同时，家长可以和孩子一起记录这些发

现——画出月相变化图、写下雨滴观察笔记，制作成一本科学日记，让孩子更深入地理解科学与生活的紧密联系。

（2）简单的科学实验

在家中，家长与孩子携手开展简单的科学实验，再结合相关科普读物进行讲解，能让孩子对科学的兴趣更加浓厚。例如，准备一个杯子、一张纸和一些水，将杯子注满水，用纸片盖住杯口，迅速倒置。孩子惊见纸片不掉、水不流出。家长顺势拿出物理类科普书，与孩子共读大气压力知识："因大气有压力，向上托住纸片，水才未流出。"阅读时，孩子认识了"大气压力""杯子""纸片""水"等汉字，对科学实验与科普读物的探索欲大增。

除了大气压力实验，还有许多可以和孩子一起做的简单有趣的科学实验。比如，准备一些白醋和小苏打，将它们混合后会产生气泡，这是因为二者发生了化学反应，家长可以和孩子一起阅读相关科普读物，了解该化学反应的原理。又如，用放大镜在阳光下聚焦以点燃纸张，让孩子感受光的能量，同时认识"放大镜""聚焦""能量"等汉字。而且，每次实验后，家长可以和孩子一起讨论实验的结果和收获，鼓励孩子提出自己的疑问和想法。

5. 改编小剧本

将孩子钟爱的故事改编为小剧本，鼓励孩子模仿角色进行表演，能够助力他们深度理解故事内容与人物情感，同时显著提升孩子的语言表达与阅读能力。

（1）剧本改编

以《白雪公主》为例，家长与孩子携手将故事改编为简洁明了的剧本。首先明确角色，如白雪公主、皇后、七个小矮人等，再以简单的对话与动作串联主要情节。以下是一个示例。

> 皇后（对着魔镜，满脸嫉妒，语气凶狠）：魔镜魔镜，谁是世上最美之人？
>
> 魔镜（发出空灵、神秘的声音）：皇后陛下，您是最美丽的人。但是在森林的另一端，有位白雪公主，比您更加美丽。
>
> 皇后（怒目圆睁，双手紧握）：啊！我一定要找到她，把她杀了！

在剧本改编的过程中，家长可以和孩子一起讨论每个角色的特点，让孩子更好地理解角色。比如，皇后为什么会嫉妒白雪公主，她的性格是怎样的。而且，家长可以鼓励孩子发挥想象力，对剧本进行一些小创新，比如给皇后增加一些内心独白，让角色更加丰满。此外，还可以和孩子一起为剧本添加一些简单的场景描述，让表演更加生动。

（2）角色表演

在完成剧本改编后，便进入精彩的角色表演环节。孩子与家长分别认领角色，全身心投入表演。表演前，孩子需要深入研读自己角色的台词，理解角色的情感起伏与性格特点。比如，扮演白雪公主的孩子，要时刻展现出善良、纯真与温柔；当遇到小矮人时，可以用亲切的语气打招呼："你们好呀，可爱的小矮人，谢谢你们收留我。"同时配上甜美的笑容和友好的手势。

而扮演皇后的孩子，要将凶狠、嫉妒的神情演绎到位。当听到魔镜说白雪公主比自己美丽时，要眉头紧锁，眼神中透露出愤怒与不甘，双手紧握，以生动地表现出皇后的嫉妒心理。在表演过程中，家长要引导孩子注意声音的抑扬顿挫以及动作的协调性。比如，在表现情绪激动时，声音可以适当提高，动作幅度加大；在表达温柔情感时，声音轻柔，动作舒缓。

为了增强表演效果，还可准备一些简单的道具：为白雪公主制作一顶纸皇冠，用彩带装饰；为皇后准备一件黑色披风，增添威严感。有了这些道具，孩子能更好地融入角色，提升表演的沉浸感。表演结束后，家长与孩子一起回顾表演过程，讨论每个角色的表现，进一步加深孩子对故事和人物情感的理解。

AI 应用　4 ~ 6 岁孩子借助 AI 快速认识高频汉字

第一步　准备工作——像搭积木一样简单

1. 定制高频字库

操作：打开 AI 对话框，输入"生成适合 4 ~ 6 岁儿童的 100 个生活高频汉字，按出现频率排序，带拼音和组词示例"。

示例输出：

- 口（kǒu），组词：门口、开口
- 手（shǒu），组词：小手、洗手
- 日（rì），组词：生日、日光

给家长的贴士：将前 20 个字打印成手掌大的卡片，贴在与之对应的现实物体上（如将"门"字贴在大门上）。

2. 设置专属学习角色

操作：输入指令"你现在是汉字魔法师小深，用幼儿能听懂的语言，通过提问、猜谜、讲故事的方式教汉字"。

效果示例：AI 对孩子说"我想考考你，哪个字长得像窗户的格子呀？"（引导孩子发现"口"字）。

第二步　生活化的复习系统

1. 超市识字任务

操作：出发前输入"生成超市常见商品的汉字清单（奶、果、鱼），带拼音和实物照片对照"。

实践：让孩子对照清单在货架上找对应汉字。

2. 错字补救锦囊

当孩子写错"田"字时，输入"把'田'字编成口诀，包含易错笔画提示"。

获取口诀："四个格子排整齐，横像马路竖像篱"。

3. 将孩子的进步可视化

操作：每周输入"将孩子学会的 20 个字变成地铁线路图，每个站点是一个汉字"。

输出示例：

汉字列车出发啦！

第一站【口】→ 第二站【手】→ ……

第三步　阶段性成果验收

1. 汉字闯关派对：分析孩子这周学过的汉字，生成 3 组形近字字对（如目→日）。

2. 用家中坐垫摆成汉字迷宫，答对才能到达下一关。

实际应用　输入孩子的年龄和识字目标，让 AI 设计识字计划

准备：两步开启 AI 设计识字计划

1. 设定基础信息

输入孩子的年龄和当前识字量（如"5 岁，认识 100 个基础汉字"）。

明确目标（如"半年内掌握 300 个常用字"）。

2. 核心提问句式

使用模板："我的孩子 × 岁，目前认识 × 个汉字，希望 × 个月内达到 × 目标。请设计一个简单、有趣的识字计划，包含每日活动和阶段目标。"

实践：分龄计划设计

1. 目标：通过生活场景建立汉字兴趣，积累 200 个基础字。

2. 步骤：

• **生活化场景输入**

输入指令："推荐 5 个适合 4 岁孩子的识字游戏，用家里常见物品就能完成。"

AI 示例：

配对游戏：打印"门""桌""灯"等字卡，让孩子贴在对应物品上。

儿歌识字：播放《小星星》儿歌，同步展示"星""亮""闪"字卡。

• **每日 5 分钟互动**

提问："设计一周识字计划表，每天 5 分钟，用食物主题教

'米'　'面'　'包'等字。"

调整优化：三步让计划更适配

1. 每周反馈机制

输入："孩子学了'春'　'夏'　'秋'　'冬'这 4 个字，但容易混淆，请设计纠错小游戏。"

2. 个性化激励

提问："制作识字成就勋章墙模板，包含 10 个趣味勋章名称和获取规则。"

3. 资源拓展

指令："推荐 5 套适合 4 ~ 6 岁孩子的汉字绘本，附带亲子共读方法。"

第 3 节

7 ~ 8 岁：识字攻坚，为建造知识大厦稳固基石

在孩子成长的过程中，7 ~ 8 岁这一阶段也值得关注。此时，孩子们正站在识字攻坚的关键路口，每一次对汉字的探索与掌握，都如同为建造知识大厦稳固基石。坚实的阅读基础是他们在知识海洋中乘风破浪、畅享阅读乐趣的有力保障。

1. 高频汉字拼图卡片与拼组游戏

汉字，蕴含着先人的无穷智慧与独特美感。其结构犹如精心雕琢的建筑，每个部分都承载着特定意义，是文明传承的印记。为助力孩子们深入探索汉字结构的奥秘，我们不妨巧用高频汉字，精心制作一套汉字拼图卡片，引领他们踏上一场充满趣味与惊喜的识字冒险之旅。

（1）卡片制作：精心筹备，激发兴趣

准备一些质地厚实、色彩鲜艳的卡纸，这种卡纸不仅书写顺滑，还能瞬间吸引孩子们的目光。挑选常见高频汉字时，充分考虑 7 ~ 8 岁孩子的认知水平，像左右结构的"明""林""好""妈""把"，上下结构的"要""家""是""笑""春"等都是不错的选择。以"明"字为例，将其拆解为象征太阳的"日"和代表月亮的"月"，分别工工整整地书写在两张卡片上；"林"字则拆分成两个"木"字，对应两张卡片。卡片的大小要适中，方便孩子小手抓握操作，同时，汉字笔画务必清晰、规范，字体大小以孩子能轻松认读为宜。为增添趣味性，还可在卡片边缘绘制一些与汉字相关的小图案，如"日"字卡片旁画个小太阳，"林"字卡片边添几棵小树，进一步激发孩子的探索欲望。

（2）拼组游戏：趣味探索，理解结构

游戏开场，把这些精心制作的卡片打乱顺序，铺陈在孩子面前的桌面上。此时，孩子眼中闪烁着好奇的光芒，迫不及待地想要开启这场汉字拼图之旅。引导孩子仔细端详卡片上的汉字部件，鼓励他们大胆尝试，将零散部件拼凑成完整的汉字。当孩子成功地拼出"明"字时，家长可趁热打铁，生动形象地讲解："宝贝，你瞧这个'明'字，左边的'日'，恰似那光芒万丈的太阳，给大地带来光明与温暖；右边的'月'，犹如夜晚高悬的月亮，散发着柔和清辉。太阳和月亮携手，就有了'明'字，寓意明亮，这下是不是觉得它特别好记？"这般绘声绘色的讲解，不仅让孩子直观认识汉字结构，更能让他们穿越时空，领略古人造字时对自然现象的敏锐洞察与巧妙提炼，感受汉字背后深厚的文化底蕴。

（3）难度进阶：拓展挑战，深化认知

随着孩子对简单的汉字结构逐渐驾轻就熟，为持续激发他们的探索热情与学习动力，可循序渐进地增加游戏难度。引入如"森""品""晶"等品字形结构的汉字，以及"想""思""念"等上下结构且带有相同部件的汉字。在孩子拼组"森"字时，引导他们思考："你看，三个'木'字组合在一起，仿佛一片茂密的森林，树木郁郁葱葱，充满生机活力。古人正是观察到众多树木聚集的场景，才创造出这个'森'字，是不是很神奇？"同时，鼓励孩子用拼好的汉字组词造句，强化理解与运用。比如，在孩子拼出"妈"字后，引导其说出"妈妈""妈妈很辛苦""我最爱妈妈"等词语和句子，让孩子在实际运用中感受汉字的魅力，提升语言表达能力。

（4）文化拓展：关联知识，丰富内涵

在孩子拼组汉字的过程中，家长还可适时拓展相关文化知识。例如，当孩子拼出"好"字时，向他们介绍"好"字的写法：左边是个"女"，右边是个"子"，在古代造字时，这个字形常关联着母亲与孩子相处的亲密场景，体现了古人对家庭中母子（女）相守、生活和美的向往。又如，拼出"春"字时，讲讲春天万物复苏的景象，以及与春天相关的诗词，如"春眠不觉晓，处处闻啼鸟"，让孩子在识字的同时，感受传统文化的博大精深，丰富知识储备。

2. 汉字接龙，增加词汇量

汉字接龙游戏，宛如一场精彩纷呈的知识盛宴，瞬间点燃孩子的学习热情，让他们在轻松愉悦的氛围中，主动认读汉字，探索新字的奥秘，如同寻宝一般，逐步充实自己的词汇量宝库。

（1）卡片准备：丰富多样，因材施教

精心制作一套丰富多元的汉字卡片，卡片内容既涵盖孩子已熟练掌握的常见汉字，又融入部分难度适中、具有一定挑战性的新字，满足孩子"跳一跳，够得着"的学习需求。卡片上除了书写清晰的汉字，还应配上准确的拼音与简洁明了的释义，方便孩子自主学习。为让游戏更具层次感与趣味性，可采用不同颜色的卡片区分汉字的难易程度，如绿色卡片代表已学常见字，黄色卡片代表稍有难度的新字，蓝色卡片则代表具有拓展性的生僻字（在孩子基础扎实后可适当引入）。卡片背面还可绘制一些与汉字相关的提示小图案，比如在"水"字卡片背面画条小溪，帮助孩子在游戏中遇到困难时获得灵感。

（2）游戏规则：清晰明确，趣味挑战

游戏拉开帷幕，家长率先抽取一张卡片，比如抽到"天"字，迅速说出一个以"天"字开头的词语，如"天空"，并将卡片展示给孩子，同时清晰读出汉字与词语，引导孩子跟读，强化认读记忆。接着，孩子抽取一张卡片，若抽到"空"字，便可顺着接龙组词"空

气"，延续游戏进程。倘若孩子抽到不认识的字，家长要耐心引导，帮助孩子查看卡片上的拼音与释义，鼓励孩子大胆尝试认读，并启发孩子用该字组词。例如，孩子抽到"晴"字，家长温柔地解释："宝贝，这个字读'qíng'，和天气紧密相关，意思是天空无云或云很少，天气晴朗，就像我们常说的晴天。你想想，它还能组什么词呢？"孩子在家长的引导下，可能会尝试说出"晴朗""晴空"等词语。

（3）增加趣味：多样规则，激发潜能

为了让汉字接龙游戏更引人入胜、充满挑战，可设定一系列有趣的规则。比如，明确规定词语不能重复，一旦出现重复，就需要重新抽取卡片，这能有效提升孩子的词汇储备与思维敏捷度；或者限定游戏时间，在规定的 5 分钟或 10 分钟内，完成接龙的次数越多越好，以此营造紧张刺激的游戏氛围，激发孩子的竞争意识。当孩子在游戏过程中遇到困难，绞尽脑汁也猜不出字或想不出合适的词语时，家长可适时给予巧妙提示，如"这个字和'水'有关，是一种流动的液体，在我们的生活中很常见哦"，引导孩子猜出"河"字，帮助孩子顺利闯关，增强自信心。

（4）词汇拓展：丰富积累，提升能力

在游戏过程中，家长要善于捕捉时机，适时拓展词汇，丰富孩子的语言积累。比如，孩子说出"水果"后，家长可接着说"果汁"，并进一步解释："果汁呀，就是水果通过榨汁机等工具榨成的液体，像我们平时喝的苹果汁、橙汁，味道是不是特别好？而且不同水果榨出的果汁，营养也不一样呢。"通过这样生动的讲解与拓展，孩子在玩游戏的欢乐时光里，不知不觉地学习了新字，增加了词汇量，语言

表达能力也在潜移默化中得到提升，为他们的语言世界添上了绚丽多彩的一笔。

（5）文化融入：关联故事，加深理解

除了词汇拓展，家长还可在游戏中融入文化元素。例如，当孩子说出"龙"字时，家长讲讲关于龙的典故，如"叶公好龙"，让孩子了解龙在中华文化中的特殊地位与象征意义；若孩子组词"春节"，家长可以介绍春节的由来和传统习俗，如贴春联、放鞭炮等，让孩子在游戏中感受传统文化的魅力，加深对汉字所承载的文化内涵的理解。

3. 以猜谜卡片激发孩子对汉字的兴趣

汉字猜谜，恰似一把神奇的魔法钥匙，轻松开启孩子对汉字探索的兴趣之门，让他们在充满趣味的解谜过程中，深入挖掘汉字的奥秘，真切感受汉字独特的魅力与深厚的文化底蕴。

（1）谜面设计：巧妙构思，贴合认知

依据孩子过往所学汉字，精心构思谜面。谜面设计要匠心独运，紧密贴合孩子的认知水平与日常生活经验，同时巧妙融入丰富的元素，如自然现象、生活场景、历史故事等，让孩子在解谜的同时，拓宽知识面，提升文化素养。例如，对于"日"字，可设计谜面为"一个圆圆红脸蛋，照得大地亮堂堂；白天出来晚上藏，人人生活都需要"。这个谜面既形象生动地描绘了太阳的特征，又与"日"字所代表的含义紧密相连，孩子在思考解谜的过程中，能深刻理解"日"字的内涵。对于"休"字，谜面可为"一个人靠在大树旁，放下工作在休息"，通过简洁明了的描述，生动展现该汉字的会意特点，让孩子直观地感受古人造字的智慧。

（2）卡片制作：精美实用，吸引孩子

将设计好的谜面工整地写在卡片的一面，卡片的另一面清晰地写上对应的汉字、拼音及简单释义。卡片制作要注重美观与实用性，可选择色彩鲜艳的纸张，用彩色笔书写谜面与汉字，吸引孩子的注意。为增加趣味性，还可在卡片的角落绘制一些与谜面相关的小插图，如在"日"字谜面卡片的角落画个太阳，在"休"字谜面卡片旁画个人靠在树上，帮助孩子更好地理解谜面。制作完成后，将卡片打乱顺序，与孩子一同开启这场充满惊喜的猜谜之旅。

（3）猜谜过程：引导思考，深度讲解

游戏开始，家长先抽取一张卡片，富有感情地读出谜面，引导孩子认真思考。当孩子猜出答案后，家长缓缓翻开卡片，确认答案是否正确，并详细为孩子讲解汉字的结构、含义及造字原理。如孩子猜出"休"字后，家长可以这样解释："你看，宝贝，这个'休'字可有意思啦！左边是'人'，右边是'木'，人靠在大树旁，是不是就像我们工作累了，靠在大树边休息呀？古人就是根据这样的生活场景，创造出了这个'休'字，是不是很神奇？"通过这样细致的讲解，孩子不仅能加深对汉字的理解，还能感受到汉字背后蕴含的丰富文化内涵，仿佛穿越时空，与古人进行一场心灵对话。

（4）奖励机制：激励探索，提升兴趣

为让猜谜游戏更具吸引力，充分激发孩子的积极性，可设置一些充满诱惑的小奖励。孩子每猜对一个汉字，就可获得一枚可爱的小贴纸；集齐10枚或20枚小贴纸，就能兑换孩子心仪已久的小礼物，如一本精美的绘本、一个可爱的卡通玩具等。随着孩子猜谜能力的逐步提升，可逐渐增加谜面的难度，引入典故、诗词等元素。比如，对于"众"字，谜面设计为"三人为伍力量大，团结协作能胜天；古有此字表多人，齐心协力事竟成"。这个谜面既让孩子深刻理解了"众"字表示多人、团结的含义，又能让孩子接触到传统文化中关于团结协作的理念，一举两得。

（5）鼓励创作：发挥想象，增强自信

在猜谜过程中，家长要积极鼓励孩子自己尝试设计谜面，这不仅能锻炼孩子的思维能力与创造力，还能加深他们对汉字的理解与记忆。比如，孩子学了"从"字后，可能会发挥想象，设计谜面为"两个人儿前后走，紧紧跟随不分离"。当孩子分享自己设计的谜面时，家长要给予充分的肯定与赞扬，如"宝贝，你太聪明啦！这个谜面设计得太巧妙了，一下子就把'从'字的意思表达出来了，你真是个小天才！"通过这样的鼓励，孩子的自信心与成就感会得到极大的提升，对汉字的兴趣也会愈发浓厚。

（6）拓展延伸：主题猜谜，知识融合

除了单个汉字猜谜，还可设置主题猜谜活动。比如，开展"动物主题猜谜"活动，准备一系列与动物相关的汉字猜谜卡片，如"马"（谜面：四蹄飞奔鬃毛飘，拉车驮货本领高）、"兔"（谜面：红眼睛，白皮袄，短尾巴，长耳朵）等，让孩子在猜谜的过程中不仅认识汉字，还能了解动物的特征与习性。或者进行"节日主题猜谜"活动，围绕春节、中秋节等传统节日，设计相关汉字谜面，如"春"（谜面：

三人同日来，喜见百花开）、"月"（谜面：有时落在山腰，有时挂在树梢，有时像面圆镜，有时像把镰刀），将汉字学习与传统文化知识融合，拓宽孩子的知识面。

4. 主题式阅读套餐，实现从绘本、桥梁书到文字书的过渡

7 ~ 8 岁的孩子，正站在阅读进阶的关键十字路口，从以图画为主的绘本、桥梁书，逐步迈向以文字为主的深度阅读领域。为助力孩子平稳、顺利地实现这一过渡，我们精心策划了关于历史、科学、文学的主题式阅读套餐，为孩子打开一扇扇通往不同知识殿堂的大门，让他们在丰富多彩的阅读世界中自由翱翔。

（1）历史主题阅读套餐

历史主题阅读套餐的材料丰富多样，从简单有趣的绘本起步，如《你好！历史》系列绘本，以生动的画面和简洁的文字，展现从远古到现代的历史变迁，帮助孩子初步了解历史的发展脉络。随着阅读能力的提升，桥梁书如《写给儿童的中国历史》，以故事形式讲述重大事件与重要人物，助力孩子适应包含更多文字的书籍的阅读。

当孩子对历史故事产生浓厚兴趣后，文字书成为拓展知识的关键，此时可考虑《上下五千年》等图书。

（2）科学主题阅读套餐

科学主题阅读套餐包含绘本如《神奇校车》，以神奇校车为载体，带领孩子穿越人体内部、太阳系、海底世界等，了解科学知识；桥梁书《从小爱科学》以简单的文字和生动的插图，介绍物理、化学、生物等学科的基础知识。

　　对于有一定阅读基础的孩子，《布鲁诺探索天文学》是不错的选择。它以主人公布鲁诺的探索之旅为主线，用生动有趣的文字和精美的插图，讲述了宇宙起源、恒星演化、星系形成等天文学知识。在讲述宇宙起源时，书中描绘了宇宙大爆炸初期的高温、高密度状态，以及随着宇宙的膨胀和冷却，物质如何逐渐聚集形成恒星和星系，让孩子对浩瀚宇宙充满好奇。在介绍恒星的演化时，该书详细阐述了恒星从诞生到死亡的过程，解释了不同类型恒星的特点和演化路径，以及超新星爆发、黑洞形成等天文现象。孩子在阅读的过程中，仿佛跟随布鲁诺一起踏上了探索宇宙的奇妙之旅，拓宽了知识面，培养了科学思维，为未来探索科学世界奠定了坚实基础。

（3）文学主题阅读套餐

　　文学主题阅读套餐包含绘本如《猜猜我有多爱你》《大卫，不可以！》，以温馨的故事和精美的画面传递爱与规则；桥梁书《夏洛的网》《绿野仙踪》，前者讲述真挚友谊，后者激发想象力与勇气。

　　当孩子具备较强的阅读能力后，经典文学作品成为阅读重点。《小王子》以深刻的哲理和纯真的情感触动孩子的心灵，书中通过小王子在星际旅行中的经历，引导孩子思考友谊、责任等人生话题。例如，小王子与狐狸建立联系的情节，让孩子明白建立关系需要付出时间与真心，学会珍惜身边的人。《汤姆·索亚历险记》则通过汤姆的冒险经历，展现孩子的天真活泼与勇敢机智。汤姆和伙伴们在山洞探险、寻找宝藏的情节，让孩子产生强烈的共鸣，仿佛看到自己的影子，让他们在阅读中感受文学对生活的生动描绘，提升文学鉴赏能力。

（4）亲子互动：深化阅读体验

　　在孩子们阅读主题式阅读套餐时，亲子互动至关重要。家长与孩子一起讨论书中的内容，能极大地加深孩子对书籍的理解，提升阅读效果。读完历史故事后，家长可以问问孩子对某个历史事件的看法，如"你觉得秦始皇统一六国是好事还是坏事呢？为什么？"引导孩子从不同角度思考历史问题，培养批判性思维；读完科学类书籍后，和孩子一起探讨书中的科学原理在生活中的应用，比如"声音传播的原理在我们打电话的时候是怎么体现的呢？"让孩子将科学知识与日常生活紧密联系起来，增强知识的实用性；读完文学作品后，让孩子说一说最喜欢的角色及原因，如"你为什么喜欢《夏洛的网》里的夏洛呀？"通过这样的交流，孩子能更好地理解文学作品中的人物形象与情感表达，提升文学鉴赏能力。

5. 亲子阅读合伙人计划

阅读合伙人计划，宛如一座搭建在亲子之间的桥梁，为亲子阅读注入了全新的活力与乐趣，让父母与孩子在共读的温馨时光中，增进情感交流，共同提升阅读能力。

（1）选书环节：开启共读之旅

实施阅读合伙人计划的第一步，是精心挑选一本适合孩子年龄与阅读水平的书。像《昆虫记》，它以生动有趣的文字描绘了昆虫世界的奇妙景象，让孩子们仿佛置身于一个充满生机的昆虫王国；《鲁滨孙漂流记》则讲述了鲁滨孙在荒岛上的冒险经历，书中的内容和情节充满了挑战与机遇，能极大地激发孩子们的好奇心与探索精神。选书时，家长可以与孩子一起商量，尊重孩子的兴趣爱好，同时也要考虑书籍的教育意义与难度适宜性，确保孩子能够在阅读中有所收获，又不会因难度过高而产生畏难情绪。

（2）朗读过程：互相学习与成长

在阅读过程中，父母与孩子轮流朗读段落，营造出一种轻松愉快的阅读氛围。例如，父母先朗读《鲁滨孙漂流记》中的一段："我在那儿住了二十八年两个月十九天。这是第二次逃出樊笼，跟我第一次从萨利的摩尔人手里逃出恰好同月同日……"朗读时，要注意语音清晰、语调抑扬顿挫，将鲁滨孙在荒岛上的复杂情感与坚韧精神通过声音传递出来，为孩子树立良好的朗读榜样。父母读完后，孩子接着朗读另一段："没料到还有人对我感恩图报。我曾使那个船长绝处逢生，并挽救了他的船和货，他在那些货主面前大大地把我褒奖了一通……"在孩子朗读的过程中，父母要全神贯注地倾听，若发现孩子读音有误，不要立刻打断，以免打断孩子的阅读节奏与思路。同样，孩子也要认真聆听父母的朗读，若发现问题，也可大胆提出，形成一种互相学习、共同进步的良好氛围。

（3）讨论交流：加深对书籍的理解

读完一个章节后，父母与孩子可一起围绕书中内容展开讨论。对于《昆虫记》中描写的某种昆虫的生活习性，家长可以问问孩子有什么感受，是否想起生活中见过的类似昆虫，引导孩子将书中知识与生活实际相结合，如"你看了书中对蚂蚁分工的描述，想想我们生活中看到的蚂蚁是不是也是这样忙碌地工作呀？"对于《鲁滨孙漂流记》中鲁滨孙的冒险经历，可以和孩子探讨如果身处荒岛会怎么做，激发孩子的思考与想象，培养其解决问题的能力，如"要是你在荒岛上，你会先做什么来保障自己的生存呢？"这样深入的讨论交流，不仅能加深孩子对书籍的理解，还能培养他们的思考能力与语言表达能力，让阅读不仅仅停留在文字表面，而是深入到思想与情感的层面。

（4）趣味目标与奖励机制：激发阅读动力

为了让阅读合伙人计划更具趣味性与吸引力，可设置一些有趣的小目标与奖励机制。例如，读完一本书后，共同制作一份读书手抄报，孩子可以用彩笔绘制书中的精彩场景，家长帮忙配上文字说明，记录书中的精彩内容与孩子的阅读感悟，这不仅能锻炼孩子的动手能力与创造力，还能加深孩子对书籍的记忆；或者举办一场家庭读书分享会，邀请其他家庭成员参与，让孩子成为主角，分享自己在阅读中的收获与体会，增强孩子的自信心与表达能力。完成这些小目标后，家长可给予孩子一些奖励，如一起去看一场电影，在光影世界中感受不同的故事与情感；或者吃一顿美食，享受食物带来的愉悦与满足，激励孩子更加积极地参与阅读，让阅读成为一种充满乐趣与期待的活动。

第 5 章

阅读力跃升，
精通阅读策略与思维方式

在完成最初的阅读启蒙，积累了一定的阅读量与阅读经验后，孩子便步入了至关重要的阅读力夯实阶段。这个阶段是一道分水岭，悄然将阅读高手与非高手的发展路径划分开来。

从阅读的进阶历程来看，此前的启蒙与积累是量变的过程，而此刻的夯实阶段则是质变的关键节点。它绝非简单的重复与巩固，而是如同在肥沃土壤中深耕细作，为阅读能力的茁壮成长提供源源不断的养分。在这一阶段，阅读高手凭借高效的阅读策略与思维方式，能够迅速汲取书籍的精华，将知识融会贯通；非高手却可能依旧在阅读的迷雾中徘徊，难以精准把握书籍的核心。那么，究竟是什么因素在这个阶段发挥着如此巨大的影响力？又该如何巧妙利用这一阶段，实现阅读力的跨越式提升？让我们带着这些疑问，一同开启这段探索阅读进阶奥秘的旅程。

第 1 节

9 ~ 10 岁：沉浸式阅读，成就阅读小能手

9 ~ 10 岁是孩子阅读的好时候。我们能看到孩子从刚开始不太会读书，到后来能深入理解书里的意思，发生了很大变化。用"时间沙漏"让孩子专心读书，提高阅读能力；设置"书店探险日"让孩子充满热情地去探索知识，学会自己选书；记录"阅读心情日记"则让孩子与书好好交流，明白书里的道理，做真实的自己。这些方法就像一块块结实的石头，铺成了孩子成为阅读小能手的路。

1. "时间沙漏"：让孩子实现沉浸式高效阅读

在当下这个信息繁杂的时代，孩子们的注意力常常被各种电子产品分散，这导致孩子们难以深度阅读，阅读力的提升也面临诸多挑战。其实，要想培养和提升孩子的阅读力，有一个简单而有效的办法，就是借助时间沙漏。接下来，我们以经典名著《绿野仙踪》的整本书阅读为例，一起探究如何巧妙运用时间沙漏，帮助孩子沉浸在多萝西的奇妙冒险之旅中，提升阅读力；让孩子不仅能读进去，更能有所收获、有所成长。

（1）3 ~ 5分钟，进入高效阅读状态的关键

阅读之旅正式启程前的 3 ~ 5 分钟至关重要，是孩子摆脱外界纷扰、进入高效阅读状态的关键。

摆脱纷扰，静候阅读时光。首先，为孩子精心营造一个静谧、舒适的专属阅读空间。将电视、电脑等可能产生干扰的电子设备统统关闭，轻轻拉上窗帘，调暗室内灯光，让整个房间弥漫着宁静祥和的气氛。在安静的环境中，随着一次次深呼吸，孩子的身心逐渐放松下来，慢慢摆脱外界的喧嚣纷扰，进入一种宁静平和的状态，为即将开启的阅读之旅做充分的心理铺垫。

即刻专注，奠定阅读根基。当孩子调整好身心状态后，轻轻翻转时间沙漏，沙子开始缓缓落下，仿佛为阅读倒计时拉开了序幕。此时，鼓励孩子迅速将全部注意力聚焦在书上，成功地将注意力牢牢锁定在阅读内容上，为后续的高效阅读奠定坚实基础。

（2）20 ~ 25分钟，专注力修炼，让孩子的阅读事半功倍

阅读开始后的 20 ~ 25 分钟，堪称阅读的核心黄金时段，孩子需

要在时间沙漏的陪伴与见证下，不断磨砺自己的专注力，从而让阅读效果实现质的飞跃。

沙漏计时，对抗分心诱惑。时间沙漏那沙沙作响的声音，宛如一位忠实的守护者，时刻提醒着孩子阅读的节奏与进度。每当目光触及沙漏，想到阅读时间还未结束，孩子便会迅速重新将注意力拉回到书中，继续跟随多萝西的脚步，深入探索神秘莫测的奥兹国。沙漏的存在，如同一个无声却有力的监督者，时刻督促孩子专注于阅读，帮助他们成功克服分心的干扰，始终保持阅读的连贯性与流畅性。

专注进阶，阅读成效倍增。随着时间一分一秒地推移，孩子逐渐沉浸于深度阅读的美妙状态中，专注力也在不断提升。他们能够更加深入地理解书中错综复杂的情节、性格鲜明的人物以及深刻独到的思想。这种专注度不断进阶的阅读方式，使得孩子的阅读效果得到了显著提升，让他们不仅能够在规定时间内快速读完一定篇幅的内容，更能够真正汲取书中的精华智慧，有效提升自身的阅读理解能力。

（3）最后 2 分钟，读书收尾，总结感悟巩固学习成果

在阅读即将接近尾声的最后 2 分钟，是对整段阅读过程进行完美收尾、总结阅读感悟、巩固学习成果的关键节点。

情节回顾，汲取书中智慧。当沙漏中的沙子所剩无几时，孩子需要停下阅读的脚步，迅速在脑海中回顾刚刚读过的内容。通过这样细致的情节回顾，孩子能够更加清晰地梳理故事的发展脉络，深入理解人物的性格特点和行为动机，从而更好地从书中汲取宝贵的智慧，学习主人公在面对困境时所展现出的坚韧勇敢的品质。

内化知识，实现思辨力跃升。在回顾情节的基础上，引导孩子进一步深入思考书中所传达的深刻道理和启示，将书中的知识与自己的

生活经验、价值观紧密结合起来，实现思辨能力的显著跃升。孩子能够从书中的故事中提炼出对自己的成长具有积极指导意义的经验教训，比如明白家是温暖的港湾，无论外面的世界多么精彩，家与他们之间都有着难以割舍的情感纽带；懂得每个人身上都有独特的闪光点，要学会发现和相信自己的能力。

　　同时，孩子还能学会运用批判性思维去客观看待书中的内容，理性分析人物的行为和选择，比如思考多萝西在面对各种困难时是否还有其他更好的处理方式，从而全面提升自己的思维能力和认知水平。

小提示

　　值得一提的是，在训练初期，考虑到孩子专注力的发展特点，我们可以采用"渐进式沙漏"。为了更好地辅助孩子进行专注力训练，可以寻找一种三色沙漏。

　　蓝色沙漏（5 分钟）：如同运动前的热身，帮助孩子预热专注力，让他们在短时间内迅速集中注意力，为后续的深度学习做好准备。

　　黄色沙漏（25 分钟）：在这 25 分钟的时间里，孩子进入深度学习状态，全身心地投入书籍的阅读，深入理解书中的内容，汲取知识的养分。

　　红色沙漏（2 分钟）：当阅读接近尾声时，红色沙漏开始发挥作用，帮助孩子进行思维收束。在这短暂的 2 分钟内，孩子快速回顾刚刚读过的内容，梳理知识脉络，提炼关键信息。

（4）当孩子无法进入阅读状态时，父母要及时观察并给予陪伴

在阅读过程中，有时孩子可能会由于各种原因而难以进入阅读状态，此时，父母的细心观察和温暖陪伴就显得尤为重要。

观察入微，洞悉孩子的困扰。 父母需要时刻留意孩子的表现，从他们细微的表情、动作和言语中，敏锐洞察其内心的困扰。比如，孩子坐在书桌前看书，眼睛却盯着书本发呆，手指不停地在书页边缘来回摩挲，嘴里还时不时嘟囔着什么。这时，父母可以自然地走过去，询问并准确把握孩子的问题，为接下来帮他们解决困难找到方向。

温情陪伴，重燃阅读热情。 当知晓孩子的困扰后，父母要切实给予温暖陪伴，帮孩子重拾阅读热情。要是孩子因理解不了书中内容而读不进去，父母不妨和孩子一同重读有问题的段落。父母可以一边陪读，一边解释，孩子慢慢就能读懂，也更有兴趣接着看。

要是孩子觉得故事没意思，父母不妨换个思路引导，比如陪着孩子，用生活中常见的事物、好玩的联想来解读故事，孩子很快就能重新投入阅读，沉浸在书的世界里。

2. 设定"书店探险日"，让孩子在书店自由探索

书店，恰似一座汇聚了古今中外无数智慧结晶的知识宝库，散发着独特而迷人的魅力。设定"书店探险日"，让孩子在书店的各个区域自由自在地探索，不仅能够极大地激发他们的阅读兴趣，还能够有效拓宽他们的视野，培养他们的自主选择能力。

（1）探索未知，开启书店冒险

• 兴趣驱动，踏上探索之路

　　周六的午后，阳光透过窗户暖暖地洒在地上，微风轻轻拂过脸颊。今天可是云晓盼望了好久的"书店探险日"。云晓一直对宇宙充满了好奇，每天晚上，她都会趴在窗台上，望着满天繁星，心里琢磨着宇宙的奥秘：宇宙到底有多大？星星上面是不是真的有外星人呢？

　　一走进书店，云晓就像被宇宙的神秘力量牵引，快步朝着科普书籍区走去。书店里很安静，只有轻柔的脚步声在回荡。科普书籍区的书架上摆满了各种各样关于宇宙的书，有的封面上是一个巨大的星球，星球表面坑坑洼洼；有的封面画着一艘酷炫的宇宙飞船，正向着未知的外太空进发；还有的封面印着密密麻麻的文字。虽然云晓一时看不懂，但她就是觉得这些书充满了神秘和力量。

　　云晓的眼睛闪烁着兴奋的光芒，她伸出小手，小心翼翼地一本本翻看。她先拿起一本介绍太阳系的书，书里的图片色彩鲜艳，八大行星颜色各异、大小不同。云晓用手指着图片，轻声念着它们的名字，仿佛在和这些遥远的星球打招呼。突然，她的目光被一本叫作《时间简史》的书吸引了。书的封面看起来有点神秘，云晓好奇地把书拿在手里，在角落找了一把小板凳坐下，轻轻地翻开书。一开始，里面的很多字她都不认识，她便借助书店里的字典，一个字一个字地查，慢慢地理解书里关于宇宙起源和黑洞的描述。她的眼睛紧紧盯着书页，不时地皱皱眉头，努力地消化着这些复杂的知识，完全沉浸其中，丝毫没有察觉到时间的流逝。

• 沉浸书海，邂逅知识宝藏

也不知道过了多久，云晓终于从宇宙的奇妙世界中回过神来。她轻轻地把《时间简史》合上，站起来活动了一下有点发麻的腿，又开始在书店的书架之间徘徊，准备继续她的"探险"。

这一次，她来到了文学书籍区。书架上的书琳琅满目、五颜六色。云晓的目光在书架上扫来扫去，最后停在了一本叫作《简·爱》的书上。她以前听老师在课堂上简单讲过这个故事的片段，便把书拿了下来。刚翻开，她就被书中简·爱的坚强和独立吸引。云晓仿佛走进了简·爱的世界，和她一起在那个充满挑战的大房子里生活，感受着简·爱面对困难时的坚韧和对平等爱情的向往。

从文学书籍区出来，云晓又来到了历史书籍区。她看到一本《明朝那些事儿》，觉得名字很有趣，就拿起来翻了翻。云晓了解到朱元璋出身贫寒，曾是个放牛娃，却凭借着自己的努力和智慧一步步登上皇位，建立了明朝，真是太了不起了！还有朱棣，他在位期间做了很多大事，开拓了明朝的疆土，促进了文化的交流。云晓一边看一边在心里想象：如果自己能穿越回明朝，会经历怎样的故事呢？

在书店里，云晓就像一个勇敢的小探险家，在一本本书中寻找着知识的宝藏。每一本书都像是一个全新的世界，她在其中尽情地探索着，收获了丰富的知识和无尽的快乐，度过了无比充实的一天。

（2）拓宽视野，打破阅读局限

• 多元涉猎，丰富知识储备

书店丰富多样的藏书，为孩子提供了广泛涉猎不同领域知识的绝佳机会。除了自己原本感兴趣的领域，孩子还可以勇敢地尝试涉猎其他领域的书籍。比如，平时对文学充满热爱的孩子，可以去探索科普书籍的奇妙世界，了解物理、化学、生物等方面的基础知识。他们可能会读到《万物简史》，这本书以生动有趣、通俗易懂的语言，详细讲述了宇宙从大爆炸开始的起源、地球的漫长演变过程、生命从简单到复杂的诞生等知识，让孩子对世界的认知更加全面、深入。而喜欢科学的孩子，也可以走进文学的艺术殿堂，阅读经典名著，提升自己的文学素养。通过这种多元涉猎的阅读方式，孩子能够不断丰富自己的知识储备，打破以往阅读的局限性，培养跨学科的综合思维能力。

- **见识广博，提升综合素养**

在自由探索书店的过程中，孩子有机会接触到不同类型、来自不同文化背景的书籍，这使得他们的见识变得更加广博。他们可以深入了解世界各地的风土人情、悠久的历史文化以及先进的科学技术等。例如，阅读关于非洲的书籍，孩子可以知晓非洲独特的地理环境，如广袤的撒哈拉沙漠、奔腾的尼罗河；了解非洲丰富多样的自然资源，如珍贵的矿产资源；感受非洲充满魅力的文化传统，如独特的部落舞蹈和音乐。阅读关于古代文明的书籍，孩子可以领略古埃及的金字塔、木乃伊，古希腊的哲学、神话，古罗马的建筑、法律等文明的辉煌成就。这种广博的见识，对于提升孩子的综合素养具有重要意义，使他们在面对各种复杂问题时，能够从多元角度去思考和解决，培养开阔的思维视野和包容的文化心态。

（3）信息检索：培养自主选择能力

- **目标导向，筛选心仪书籍**

书店就像一座知识的迷宫，孩子在其中穿梭时，需要学会根据自己的实际需求和兴趣来查找信息，这样才能挑选出真正适合自己的书。

举个例子，要是孩子对恐龙着迷，一心想深入了解这些远古生物，他们可能会先通过书店的分类索引机器或询问工作人员，找到科普书籍区。到了那里，面对琳琅满目的关于恐龙的书，他们会仔细挑选：先是看看封面有没有吸引自己的酷炫恐龙造型；再翻翻目录，瞧瞧内容是否涵盖了自己感兴趣的方面，比如恐龙的种类、生活习性、灭绝原因等；还会读一读前言或者简介，了解这本书的大致风格和重点内容。

比如一位家长在为孩子挑选关于恐龙的书时，发现有的书虽然图片很多、色彩鲜艳，但文字介绍过于简单，不能满足深入学习的需求；有的书文字倒是详细，讲解深入，但配图模糊，不够生动，难以让人提起兴趣。经过一番认真比较，孩子最终选中了一本《恐龙大百科》，里面不仅有丰富、准确的知识介绍，还有精美的插图，从中能清晰地看到各种恐龙的样子和生活场景，仿佛能让孩子穿越回恐龙时代。

像这样带着目标去筛选书籍，孩子慢慢就能掌握准确获取信息的方法，学会根据自己的需求理性判断和选择，自主选择的能力也在这个过程中得到了锻炼和提升。

• 自主选择，增强阅读动力

当孩子凭借自己的思考和判断，选到了心仪的书籍时，他们对阅读的热情会空前高涨。毕竟这本书是自己精心挑选的，他们心里满是期待和好奇。

就拿对绘画感兴趣的孩子来说吧，他们自己选了一本关于绘画技巧的书。在阅读的时候，他们会全神贯注，全身心投入，学习书中介绍的绘画方法和技巧。他们可能会准备好绘画工具，迫不及待地尝试把学到的东西运用到实际绘画中，比如按照书里教的构图方法来画一幅画，或者学习新的色彩搭配技巧，在实践中不断提升自己的绘画水平。

这种自主选择带来的强大动力，能让孩子更积极主动地阅读，阅读效果自然也会大大提升。久而久之，还能帮助他们养成独立阅读和自主学习的好习惯。

3."阅读心情日记"：记录自我成长的灵动瞬间

阅读心情日记，就像是孩子与书籍说悄悄话的小本子，也是关于他们一路成长的珍贵记录。通过在这个小本子上认真写下自己读书时的心情和想法，孩子不仅能更真切地感受到阅读的魅力，深入琢磨书里的道理，还能使自己的情感表达能力越来越好。

（1）细腻感知：捕捉阅读心情

情感共鸣，书写内心触动。记录阅读心情既能呈现孩子对苦难中绽放的人性之美的理解，又能使经典文学与日常生活产生情感共振，培养共情力与思辨力。建议可延伸对比不同文化背景下的相似叙事，或者观察记录身边长辈的口述故事，建立多维度的阅读视角。

敏锐洞察，记录瞬间感悟。读书时，孩子有时会突然冒出一些想法，可能是对书里某句话的理解，也可能是对某个情节的看法。把这些想法记下来，孩子就能更明白书里藏着的关于勇气、友情和责任等的深刻内容，思考能力和感悟能力也能提高。

（2）深度思考：挖掘书籍内涵

在孩子的阅读旅程中，深度思考如同挖掘宝藏的过程，能让他们从书籍中汲取无尽的智慧养分。通过对书中情节的反思，孩子能够领悟深刻的人生哲理，为自己的成长之路点亮一盏明灯。

- **反思情节，领悟人生哲理**

当孩子读《鲁滨孙漂流记》，看到鲁滨孙一个人在荒岛上生活时，肯定会有很多想法。孩子会想，鲁滨孙什么都没有，荒岛环境又那么差，怎么就能坚持下来呢？他建房子、种粮食、养动物，遇到那么多困难都没放弃，这股劲是从哪来的？这么一想，孩子就会明白，生活里碰到困难不能怕，要像鲁滨孙一样，有信心、肯努力。比如孩子学画画，画不好线条、配不好颜色，想想鲁滨孙，就会有勇气多练习，把画画好。

再比如读《钢铁是怎样炼成的》，保尔·柯察金经历了那么多苦难，受伤、残疾了还为理想而奋斗。孩子想想这些，就知道人生的价值不在于凡事都顺顺利利，而是在困难中坚持理想、努力拼搏。这能鼓励孩子在学习有压力、与朋友闹矛盾时，积极面对，想办法解决问题，变得更坚强。

- **挖掘内涵，从容应对变化**

好书中藏着很多道理，能让孩子知道世界是多样的、变化是常有的，这样他们在面对生活里的变化时就能更淡定。比如《时代广场的蟋蟀》，写了乡村来的蟋蟀柴斯特在纽约时代广场的故事。孩子读了，能发现这里面蕴含梦想、友情和成长的道理。柴斯特从乡村到城市，环境改变了很多，可它交了新朋友，还实现了音乐梦想。孩子想到自己转学、搬家这些变化时，就能像柴斯特一样，积极适应，寻找新的乐趣，追求梦想。

（3）情感表达：展现真实自我

阅读不仅是获取知识的过程，更是孩子表达情感、展现真实自我的重要途径。通过文字倾诉，孩子能够释放内心情绪，在记录阅读感受的过程中，逐渐培养自信表达的能力。

- **文字倾诉，释放内心情绪**

孩子读《草房子》，会被书里的情感打动。桑桑和小伙伴们的友谊，还有他们成长的故事，让孩子有很多感触。孩子可能会在阅读心情日记里写："读《草房子》，我感觉自己就在油麻地小学，和桑桑他们一起玩。看到桑桑生病，朋友们都照顾他，我特别感动。我想起小明也在我生病时给我送作业，我真的很珍惜我们的友谊，我们以后也要像桑桑和他的朋友们一样。"这样写作时，孩子把书里的情感与自己的经历联系起来，把对友谊的珍惜和感动都释放出来了。

- **个性展现，培养自信表达**

每个孩子都不一样，在阅读心情日记里，他们能把自己的特点展现出来。比如喜欢画画的孩子读了《达·芬奇传》，除了记录对达·芬奇的佩服，还可能会在旁边画一幅对达·芬奇画作的简单临摹，或者画自己想象中达·芬奇画画时的样子。喜欢音乐的孩子读了《贝多芬传》，会用文字述说贝多芬的音乐如何打动了自己，还可能会写自己对某段音乐的理解，甚至会把自己想到的旋律简单记下来。这使孩子的个性得到了展示，也让他们更坚定了自己的爱好，在阅读中慢慢变得自信又独特。

11 ~ 12 岁：自主阅读，融通形象与抽象

在孩子的阅读成长旅程中，11 ~ 12 岁这一阶段是自主阅读能力发展、拉开差距的关键时期。此时的孩子，认知能力迅速提升，思维逐渐从形象向抽象过渡，对世界的探索欲望愈发强烈。阅读，不再仅仅是简单的文字认读，更是深度理解、知识融合与实践应用的过程。下面将从几个关键维度，深入探讨如何助力孩子在这一阶段实现阅读能力的飞跃。

1. 让孩子成为阅读世界的"发声者"

在当今这个信息传播多元化的时代，鼓励孩子成为阅读世界的"发声者"，不仅能极大地提升他们的表达能力，还能促使他们更深入地理解书籍的内容，克服内心的羞涩与胆怯，在阅读中收获自信与成长。

（1）打造"声音舞台"，子初的 FM 阅读播客

六年级的子初原本是个性格内向、沉默寡言的孩子，在学校里很少主动发言，与同学交流时也较为羞涩。然而，一次偶然的机会，他接触到了播客。听着那些主播们分享各种有趣的故事和知识，子初心中涌起了一股奇妙的冲动，他也想拥有一个属于自己的"声音舞台"，来分享自己热爱的书籍。

在父母的鼓励与帮助下，子初决定创建自己的 FM 阅读播客。起初，他有些紧张，对着麦克风甚至说不出完整的句子。但子初没有放

弃，他从自己最熟悉、最喜欢的一本动物小说《狼王梦》开始。他再次仔细地阅读这本书，在脑海中想象书中紫岚、黑仔、蓝魂儿、双毛等角色的形象，努力将自己融入故事所描绘的充满野性与竞争的狼群世界之中。

第一次录制时，子初的声音微微颤抖，语速也有些过快。但他反复听自己的录音，不断调整语气、语调，模仿播客主播们富有感染力的声音。渐渐地，子初找到了感觉。他在录制时将自己当作紫岚，目睹自己的孩子在残酷的自然环境中成长、拼搏与挣扎。他生动地描述着狼群在草原上的激烈厮杀、紫岚为了实现狼王梦所付出的艰辛努力，以及她在面对孩子的死亡时的悲痛与坚韧。

随着一次又一次的录制，子初的播客节目逐渐有了听众。起初，听众只是身边的家人和同学，但大家的鼓励给了子初极大的动力。他开始更加用心地准备每一期节目，不仅朗读书中的精彩片段，还加入了自己对故事的理解和感悟。例如，在分享《狼王梦》时，他会说："紫岚为了让自己的孩子成为狼王，付出了一切，甚至牺牲了自己。虽然她最终没有实现梦想，但她的坚持和勇气让我深受触动。在生活中，我们也会有自己的目标和梦想，也许实现的过程会很艰难，会遭遇失败，但只要我们像紫岚一样不放弃，努力去追求，就不会留下遗憾。"

（2）搭建锻炼表达能力的优质平台

为孩子搭建一个锻炼表达能力的优质平台至关重要。子初在创建了自己的 FM 阅读播客后，通过分享书籍收获了自信，也提升了表达能力。不满足于此的他，还将目光投向了社交媒体平台。如今，许多短视频平台都支持用户分享自己的读书心得，这让子初看到了新的挑战与机遇，他决定拍摄短视频，继续分享自己热爱的书籍。

子初选择了经典名著《天蓝色的彼岸》。在录制短视频时，他先对着镜头，微笑着简单介绍了这本书的作者亚利克斯·希勒以及该书的主要情节："《天蓝色的彼岸》讲述了一个名叫哈里的小男孩，因车祸去了另一个世界，并在通往天蓝色彼岸的路上，返回人间向亲人和朋友们告别的故事。"

接着，子初认真地朗读了书中哈里回到学校，看到自己的座位被别人占了，感到世事变迁时的一段内心独白："要知道，那是一种特别奇妙的感觉，一阵清新的微风拂过脸庞，我很怀念它。真是可笑，当你活着的时候，你会觉得那些普通而又简单的事情都是理所当然的，可我现在非常想念它们，比我原本以为的更想。其实，当我活着的时候，假如让我填写问卷调查，或者是以《我死后最怀念的事》为题写一篇作文，我肯定不会把微风拂过脸庞这样的感觉写出来。我可能只会谈谈我的爸爸妈妈，当然还有我的朋友，甚至我姐姐。我想，我还会谈到我过去常做的事情，以及足球、电视、电脑和其他这类的东西。"

读完之后，子初的眼神中透露出一丝思索，他分享起自己对这段话的理解："哈里在意外离世后，才深刻地意识到生命的宝贵和活着时那些看似平常的瞬间是多么值得珍惜。这让我想到，我们在日常生活中，常常忽略了身边的美好，总是把很多事情当作理所当然。就像哈里渴望再感受风吹在脸上的感觉、渴望拿起铅笔一样，我们也应该珍惜当下的每一刻，珍惜和亲人朋友相处的时光。而且，我们要明白，生命是有限的，我们要在活着的时候好好活着，做有意义的事，不要留下遗憾。"

通过制作短视频分享《天蓝色的彼岸》，子初又一次锻炼了自己的表达能力，也希望能通过自己的分享，让更多的人走进这本书，感受其中的温暖与深意。

（3）深入理解书籍，克服内心的羞涩与胆怯

自从子初有了自己的 FM 阅读播客和短视频账号，他对书的理解变得更深入、更透彻，跟以前大不一样。每次准备在播客和短视频里分享书时，他都特别投入，一门心思地琢磨书里到底藏着什么深意。

就拿《老人与海》来说，子初特别想把书里圣地亚哥老人的那股劲儿，原原本本地通过播客和短视频传递给大家。为了做到这点，他反反复复读了好多遍这本书。他仔细地想：老人独自在无边无际的大海上与大马林鱼僵持了那么久，该是什么心情，得有多坚定的信念；后来遇到一群又一群的鲨鱼，老人什么都缺，又累又乏，可还是坚持到底，这股不认输的劲儿到底是从哪儿来的呢？

录制播客的时候，子初十分用心，一遍又一遍地调整自己说话的方式和语气。他先绘声绘色地讲述老人和大马林鱼斗智斗勇的过程，讲得十分紧张刺激；再用充满敬意又激动的语气，说老人怎么在鲨鱼的围攻中顽强抗争。每次录制之前，他都要再把那些关键情节读一遍，就为了能把老人不向困难低头的精神，明明白白地传递给听播客的人。

做短视频分享的时候，子初不光念《老人与海》里那些经典的段落，还会把自己的想法说出来。他在视频里跟大家分享："圣地亚哥老人连着 84 天都没捕到大鱼，换别人可能早就放弃了，可他没有，还是坚持出海，最后还真捕到了一条超大的大马林鱼。回来的路上，那么多鲨鱼来抢，他的东西越来越少，身体也快撑不住了，但他就是

不妥协，一直'战斗'到最后。这种明明知道可能会输，可还是迎难而上、绝不认输的精神，太让我佩服了。我们在生活里也会碰到各种难题，有时候看着好像没希望了，但只要有老人这股劲儿，就没有过不去的坎儿，就算最后没赢，也是好样的！"

就这么一遍遍地读，不停地想，然后跟大家分享，子初对《老人与海》的理解，早就不是只知道故事情节那么简单了。他真正读懂了书里"一个人可以被毁灭，但不能给打败"这句话的分量，也更明白圣地亚哥老人的精神有多么了不起。

在做播客和短视频分享的过程中，子初还慢慢克服了心里的紧张和害羞。一开始，对着麦克风和镜头，他紧张得不行，后来慢慢地就能大大方方、自信满满地与听众、观众聊天了。每次看到评论里大家给他加油打气的话，他就更有劲儿了。他在分享读书心得这条路上走得越来越稳，对书的理解也越来越深刻。

（4）沉默寡言的子初变得积极主动，渴望分享阅读的喜悦，家庭中充满了阅读氛围

子初的转变是显著的。曾经那个在课堂上默默低头、不愿参与讨论的他，如今在学校里变得积极主动。他会主动在语文课上分享自己从书中获得的感悟，与同学们热烈地讨论书中的人物和情节。在课间休息时，他也会和小伙伴们交流自己对于播客节目的新想法，分享最近读到的好书。

子初的家庭氛围也发生了巨大的变化。以前，家里的闲暇时间大多被电视和手机占据。但自从子初创建了 FM 阅读播客后，全家人都被带动起来。晚饭后，一家人会围坐在一起，听子初分享他最新的播客节目，然后一起讨论书中的内容。父母也会分享自己小时候读过

的经典书籍，讲述那些书对自己成长的影响。这种家庭阅读氛围的营造，不仅让子初更加热爱阅读和分享，也增进了家庭成员之间的情感交流。

更重要的是，通过成为阅读世界的"发声者"，子初的解释推断能力、分析归纳能力等多种阅读能力得到了显著提升。

2.跨学科阅读套餐：搭建知识融通桥梁

在知识快速更新、学科交叉日益频繁的现代社会，跨学科阅读成为培养孩子的综合素养、提升阅读能力的重要途径。它打破了学科之间的界限，帮助孩子建立知识之间的联系，培养孩子从多学科角度思考问题、解决实际问题的能力。

（1）博古通今，探索古代文明的奇妙之旅

以一群 11 ~ 12 岁的孩子探索古代文明为例。他们对古埃及文明充满了好奇，于是开启了一场跨学科的阅读之旅。在语文学科方面，他们阅读了关于古埃及神话传说的书籍，如《古埃及神话故事》，通过生动的文字描述，了解了古埃及的神谱体系，像太阳神拉、冥王奥西里斯等神祇的故事。在阅读过程中，孩子们感受到了古埃及人丰富的想象力和独特的文化内涵，同时也提升了自己的文学鉴赏能力。

在历史学科方面，孩子们阅读了《古埃及史》，深入了解古埃及的政治制度、社会结构、经济发展以及对外交流等方面的历史变迁。他们知道了古埃及法老如何统治国家、金字塔是如何建造的，以及古埃及与周边国家的贸易往来情况。通过对历史的学习，孩子们构建起了对古埃及文明的宏观认知。

从科学的角度，孩子们探索了古埃及的天文学和数学成就。他们

了解到古埃及人根据尼罗河的涨落和天狼星的位置制定了历法，还掌握了一定的几何知识，用于建造金字塔和神庙。例如，金字塔的建造就运用了精确的几何计算，保证了金字塔的稳定性和对称性。在这个过程中，孩子们对科学知识的应用有了更直观的认识。

在艺术领域，孩子们欣赏古埃及的壁画、雕塑等艺术作品，阅读相关的艺术史书籍。他们惊叹于古埃及壁画中人物形象的独特风格，以及雕塑所展现出的精湛技艺。通过对艺术的学习，孩子们提高了审美能力，也更加全面地理解了古埃及文明的魅力。

（2）打破学科界限，帮助孩子建立知识之间的联系，培养孩子的综合思维能力

跨学科阅读能够打破学科界限，让孩子看到知识之间的关联。例如，在学习《诗经》时，可以结合生物学科。《诗经》中描绘了大量的植物，如"蒹葭苍苍，白露为霜"中的蒹葭（荻和芦苇）、"采采芣苢，薄言采之"中的芣苢（车前草）。孩子们可以通过查阅生物课本和相关资料，了解这些植物的生物学特征、生长环境等知识。同时，从文学角度分析这些植物在《诗经》中的象征意义和文化内涵。这样，孩子们就将文学与生物学知识有机地联系起来，建立起一个更加完整的知识体系。

在这个过程中，孩子的综合思维能力得到了培养。当面对一个问题时，他们不再局限于单一学科的知识和方法，而是能够从多个学科的角度去思考。比如，在探讨环境保护问题时，他们可以从生物学角度分析生态系统的平衡，从历史角度了解人类活动对环境的影响，从文学角度思考人与自然和谐相处的美好愿景，从而提出更全面、更有深度的解决方案。

（3）让孩子学会从多学科角度思考问题，提高解决实际问题的能力

跨学科阅读能够让孩子学会从多学科角度思考问题，从而提高解决实际问题的能力。以解决城市交通拥堵问题为例，孩子可以从地理学角度了解城市的布局和交通规划，从物理学角度分析交通工具的运行原理和能源消耗，从社会学角度思考人们的出行习惯和社会需求，从经济学角度探讨交通拥堵对经济发展的影响。通过综合这些学科的知识，孩子能够提出更合理的解决交通拥堵的建议，如优化城市交通规划、推广新能源交通工具、倡导绿色出行等。

在日常生活中，孩子们也能运用跨学科思维解决问题。比如，在种植植物时，他们可以运用生物学知识了解植物的生长习性，运用数学知识计算种植的间距和所需的肥料量，运用语文知识记录植物的生长过程和自己的观察感受。这样一来，孩子们能在实践中不断提高自己解决实际问题的能力。

（4）从孤立地学习知识转变为融会贯通，让阅读不再枯燥

传统的学习方式往往让孩子孤立地学习各个学科的知识，导致知识之间缺乏联系，阅读也变得枯燥乏味。而跨学科阅读能够改变这种状况，让孩子从孤立地学习知识转变为融会贯通。例如，在学习数学中的几何图形时，可以结合艺术中的绘画和建筑设计。孩子们可以通过欣赏古希腊的建筑，如帕特农神庙，了解几何图形在建筑中的应用，感受数学与艺术的完美结合。这样的学习方式，让孩子不再觉得数学是抽象的数字和图形，而是与生活、艺术紧密相连的有趣知识，阅读也因此变得生动有趣。

（5）用 AI 关联《诗经》植物图谱与生物课本，生成跨学科思维导图

随着科技的发展，AI 技术为跨学科阅读提供了更便捷的工具。我们可以利用 AI 关联《诗经》植物图谱与生物课本，生成跨学科思维导图。首先，通过 AI 技术识别《诗经》中提到的植物名称，然后将其关联到生物课本中相应植物的介绍页面，包括植物的形态特征、分类、生长环境等信息。同时，AI 还可以搜索相关的图片、视频资料，帮助孩子更直观地了解这些植物。

在生成的跨学科思维导图中，以《诗经》中的植物为中心点，向外延伸出文学、生物学、历史学等多个分支。文学分支记录了植物在《诗经》中的诗句、象征意义和文化内涵，生物学分支详细介绍了有关这些植物的科学知识，历史学分支探讨了这些植物在古代社会的用途和地位。这样的思维导图，能够帮助孩子更清晰地看到知识之间的联系，促进跨学科学习。

AI 应用　用 KIMI 和 Xmind 生成《诗经》中的植物的思维导图

第一步　用 KIMI 生成大纲内容，要求以 Markdown 形式输出（见图 5-1）

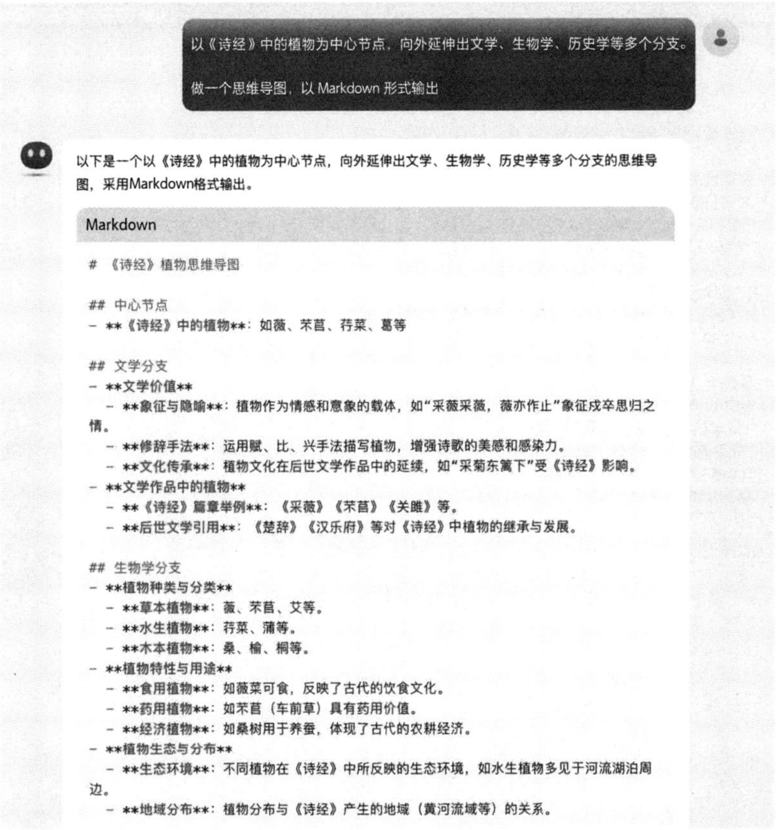

图 5-1　在 AI 中输入指令

　　第二步　将 KIMI 生成的内容复制粘贴到计算机的"记事本"程序里，也可以用 Word 生成 docx 文件（见图 5-2）

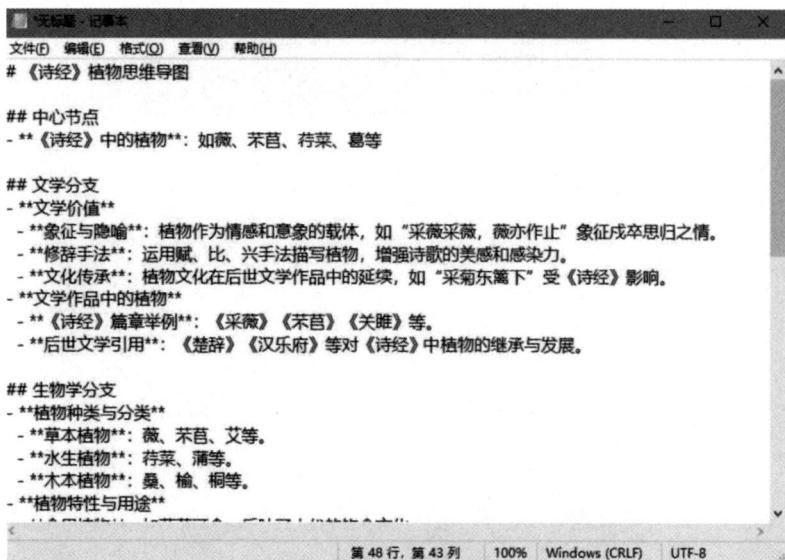

图 5-2　将 AI 生成的内容复制粘贴到计算机

第三步　保存文档，并把文档后缀改为 .md（见图 5-3）

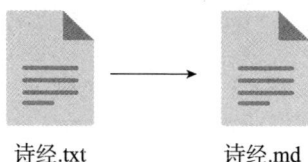

诗经.txt　　　　诗经.md

图 5-3　保存文档并修改格式

第四步　生成思维导图

打开 Xmind，选择文件—导入—Markdown，导入刚才扩展名为 .md 的文档，生成思维导图。如有必要，可以对其进行调整（见图 5-4）。

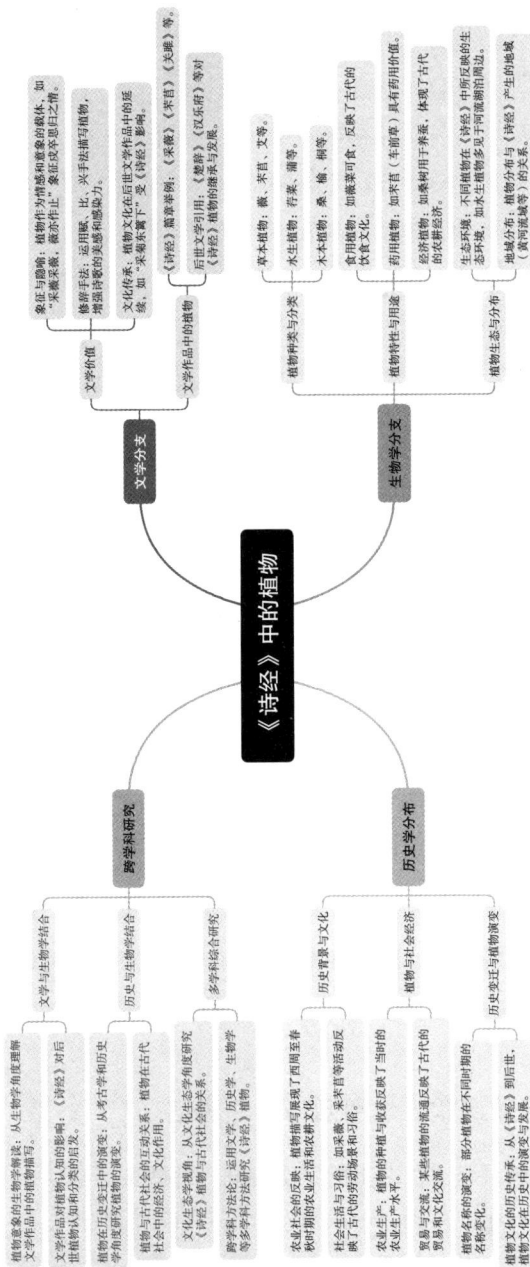

图 5-4　《诗经》中的植物思维导图

（6）跨学科阅读提升的阅读力：联想迁移能力、拓展性阅读能力、问题解决导向能力

跨学科阅读能够有效提升孩子的多种阅读能力。

联想迁移能力。 孩子在跨学科阅读中，能够对一个学科的知识进行联想并将其迁移到其他学科的知识领域。例如，在学习物理中的光学原理时，联想到语文课本中描写光影的诗句，如"大漠孤烟直，长河落日圆"，从而更深刻地理解光的传播和视觉效果。这种联想迁移能力，能够让孩子举一反三，更好地理解和应用知识。

拓展性阅读能力。 跨学科阅读促使孩子阅读不同领域的书籍和资料，拓展了阅读的广度和深度。孩子不再局限于单一学科的教材和读物，而是广泛涉猎文学、历史、科学、艺术等多个领域的书籍。例如，在研究古代文明时，孩子可能会阅读历史书籍、考古报告、文学作品以及艺术史论等不同类型的书籍，从而丰富自己的知识储备，提升拓展性阅读能力。

问题解决导向能力。 跨学科阅读让孩子学会从多学科角度思考问题，以解决实际问题为导向进行阅读。当孩子面对一个现实问题时，会主动从不同学科的书籍中寻找解决方案。比如，在面对环境污染问题时，孩子会阅读生物学、化学、环境科学等相关书籍，运用所学知识提出解决问题的方法，这种问题解决导向能力对孩子的未来发展至关重要。

3. 走向自然课堂：让阅读与自然联结

阅读，不该只停留在书本的字里行间。那些文字描绘出的广袤天地，同样能在现实中找到对应、得到延伸。把阅读和自然主题旅行结

合起来，就像是给孩子打开了一扇全新的知识大门。这能让他们把抽象的知识变得直观、鲜活，在实践中学习，把书本知识和实际生活紧密相连，培养他们的探索精神，实现从单纯依赖书本获取知识，到主动观察自然、探索未知的转变。

（1）浩琪的自然探索奇遇

浩琪是个求知欲旺盛、热爱阅读的孩子，尤其喜欢科普类书籍。闲暇时光，他常常沉浸在一本本关于自然生态的书里，仿佛走进了书中描绘的奇妙世界。亚马孙雨林里神秘的动植物、非洲大草原上壮观的动物大迁徙，每一个故事、每一幅插图，都勾起他对大自然的无限向往。

有一次，学校组织了一场特别的自然主题旅行，目的地是一个知名的自然保护区。浩琪听到这个消息后，兴奋得晚上都睡不着觉。他提前找来了许多关于这个自然保护区的资料，仔细阅读。从保护区的地理位置、气候特点，到那里丰富的动植物资源，再到独特的地质景观，他都了解得清清楚楚。

终于盼到了旅行的那一天。一走进自然保护区，浩琪就感觉自己像走进了现实版的科普书世界。清新的空气带着泥土和花草的香气，让他精神一振。他一眼就看到不远处有一棵高大的树，走近一看，竟然是书里多次提到的珙桐。那洁白的苞片就像鸽子的翅膀，在风中轻轻摆动，美极了。浩琪激动得差点跳起来，赶紧向同行的同学们介绍："这是珙桐，是国家一级重点保护野生植物，也叫'鸽子树'，因为它的花看起来像白鸽。我在书上看过，珙桐对生长环境要求可高了，没想到今天能亲眼见到，太幸运啦！"

继续往前走，浩琪发现了一条清澈的小溪。溪水潺潺流淌，发出清脆悦耳的声音。他马上想起书里关于生态系统的知识，知道小溪在整个生态系统里起着关键作用：它不仅是很多生物的生存家园，还参与着物质循环和能量流动。于是，他蹲在溪边，仔细观察溪里的生物。果然，他看到了活泼的小鱼、小虾，还有一些奇形怪状的水生昆虫。他还注意到，小溪边的石头上长满了翠绿的青苔，这说明小溪的水质很好，适合生物生存。

正观察着，浩琪碰到了一位经验丰富的保护区工作人员。工作人员热情地给大家介绍保护区的生态保护工作，比如怎么保护珍稀动物的栖息地，怎么监测和控制外来物种入侵。浩琪想起自己在书里读到的关于生物多样性保护的内容，一下子有了很多疑问。他大胆地向工作人员提问："在保护栖息地的时候，怎么平衡人类活动和动物生存的需求呢？""对于已经入侵的外来物种，除了用物理和化学方法，还有没有更环保的生物防治办法呢？"工作人员很欣赏浩琪的问题，耐心地一一解答。浩琪听得全神贯注，觉得自己不仅学到了书本以外的知识，还对生物多样性保护有了更深的认识。

（2）将阅读与实践紧密结合，让抽象的知识变得直观、生动

自然主题旅行的魅力就在于，它能把孩子在书本上学到的抽象知识，变成直观、生动的亲身感受。就拿地理知识来说，书本上关于山脉形成、河流走向、地形地貌演变的内容比较抽象，孩子理解起来可能有困难。但当他们亲自走进山区，站在雄伟的山峰脚下，抬头仰望高耸的山顶，摸摸粗糙的岩石，感受着山风的吹拂，就能真切地体会到山脉的壮丽；沿着河流走，观察河水的流速、流量，还有两岸的植被和土壤，就能更深刻地理解河流在地理环境中的重要性。

再比如植物学知识，书本上的植物图片和文字描述，远远比不上

亲眼看到的植物、亲手摸到的叶子和花朵、闻到的植物的香气来得真实。在自然保护区或植物园里，孩子们能看到各种各样的植物，了解它们的样子、生长习性和生态功能。他们能看到向日葵跟着太阳转动花盘、含羞草被触碰后迅速合上叶子，这些生动的观察能让他们将植物学知识记得更牢、理解得更深。

（3）让孩子在实践中学习，将理论与实际结合，培养探索精神

自然主题旅行是个让孩子在实践中学习的好机会，能把理论知识和实际生活紧密联系起来。旅行中，孩子们会遇到各种问题和挑战，而解决这些问题需要用到他们学过的知识和技能。比如在野外，他们可以用地理知识，通过观察太阳的位置、星星的分布和周围的地形来辨别方向；看到不认识的植物或动物，他们可以用生物学知识观察它们的形态、生活习性，判断其种类和生态位。

在解决这些问题的过程中，孩子们不仅对理论知识理解得更透彻，还培养了探索精神和实践能力。他们学会了独立思考，学会了用知识解决实际问题，也学会了和同伴合作克服困难。这种在实践中学习的方式，比单纯看书本更有趣，也更有效，能激发孩子的学习兴趣，让他们更主动地去探索自然的奥秘。

去一个地方、一个国家之前，若能让孩子提前读些相关的书籍，旅行的意义便会悄然沉淀。比如计划去巴黎，不妨先和孩子共读雨果的《巴黎圣母院》——当文字里的钟楼、广场、敲钟人的故事在记忆里生根，再站到巴黎圣母院前，走进那扇门，抬头望见阳光穿透五彩斑斓的彩绘玻璃窗洒下的光影时，孩子心中涌动的，便不只是初见的新奇，更是与文字共振的感动与共鸣；那份对建筑、对历史的理解，也会比单纯的观光感受厚重得多。

（4）从依赖书本到主动观察自然、探索未知

一直以来，孩子们大多从书本中获取知识。可书本中的知识毕竟有限，而且比较抽象、静态。自然主题旅行给孩子们提供了新的学习方式，让他们从单纯依赖书本，转变为主动观察自然、探索未知。

在自然旅行中，孩子们不再被动地接受书本知识，而是主动去观察、发现和思考。他们会好奇地观察大自然的每个细节，像树叶的纹路、昆虫的样子、天空颜色的变化等。他们会提出各种问题，比如"为什么有些植物的叶子在秋天会变色？""为什么鸟儿会在特定季节迁徙？"然后通过自己的观察、思考，以及和同伴、老师的交流，寻找答案。

这种主动观察和探索的学习方式，不仅能让孩子们学到更多知识，还能培养他们的观察力、想象力和创造力，而且，和大自然的亲密接触，能让他们更深刻地感受到大自然的美丽和神奇，从而更加热爱自然、保护自然。

（5）使用增强现实眼镜，在博物馆实地考察时自主关联书本知识点

随着科技的不断发展，越来越多的新技术被应用到教育领域。增强现实（Augmented Reality, AR）眼镜就是其中之一，它为自然主题旅行和阅读学习带来了全新的体验与可能性。

在一次由科学机构组织的博物馆游学活动中，参加游学的学生们戴上了先进的 AR 眼镜（见图 5-5）。当他们走进博物馆的自然展区时，AR 眼镜通过图像识别和定位技术，自动识别出展台上的各种展品，并在眼镜的显示屏上呈现出与之相关的丰富信息。当学生们看到一具恐龙化石时，AR 眼镜不仅会显示出恐龙的名称、生活年代、生活习

性等基本信息，还会通过 3D 动画的形式展示恐龙的运动方式和其生
活的生态环境。

图 5-5　孩子使用 AR 眼镜

更令人惊喜的是，学生们能够自主关联书本知识点。比如，在学
习生物进化知识时，学生们在书本上了解到恐龙是爬行动物的代表，
并且在中生代时期占据了统治地位。当他们在博物馆看到恐龙化石
时，通过 AR 眼镜的辅助，可以进一步了解恐龙的进化历程、与其他
生物的关系等相关知识。学生们还可以将恐龙化石与书本上关于地质
年代的知识联系起来，理解恐龙生活的时代背景和地球的演化历史。

通过使用 AR 眼镜，学生们不再是单纯地参观博物馆，而是能够
更加深入地了解展品背后的知识，并将这些知识与书本上的内容有机
地结合起来。这种全新的学习方式，不仅提高了学生们的学习兴趣和

积极性，还增强了他们的自主学习能力和知识关联能力。

（6）自然主题旅行提升的阅读力：解释推断能力、联想迁移能力、评价鉴赏能力

自然主题旅行以及借助 AR 眼镜等新技术的学习方式，能够有效地提升孩子的多种阅读能力。

解释推断能力：在自然主题旅行中，孩子们要仔细观察周围的自然环境和生物，再和书本上的描述进行对比。比如看到一只蝴蝶，他们会观察蝴蝶的颜色、翅膀形状和花纹，然后和书本上关于蝴蝶的描述对照，判断蝴蝶的种类。这种观察和文本对照的能力，能让孩子们更准确地理解书本知识，也提高了他们的观察力和判断力。

联想迁移能力：自然主题旅行激发了孩子们对自然的兴趣和好奇心，让他们主动阅读更多的相关书籍和资料，以满足求知欲。旅行中看到不认识的植物，他们可能回家后就查阅植物学书籍或上网搜索资料，了解该植物的详细信息。这种拓展阅读和探索的能力，能拓宽孩子们的知识面，培养其自主学习能力。

评价鉴赏能力：通过自然主题旅行和 AR 眼镜等，孩子们能把书本知识与实际情境结合起来，进行情境化阅读。比如学生们在博物馆通过 AR 眼镜看到的恐龙化石和相关信息，让他们仿佛回到了恐龙生活的时代，更深刻地理解了书本上关于恐龙的知识。这种情境化阅读适配，能让孩子们更好地理解抽象知识，提升阅读的效果和质量。

通过自然主题旅行和现代科技的帮助，孩子们在将阅读与实践结合的过程中能不断成长进步，提升阅读能力和综合素养，为未来的学习和生活打下坚实的基础。

在阅读力培养的征程中，9 ~ 12 岁这段时光举足轻重。从 9 ~ 10

岁时借助时间沙漏实现沉浸式阅读、在书店探险日自主选书、记录阅读心情日记，到 11 ～ 12 岁化身阅读世界的"发声者"、开展跨学科阅读、投身自然主题旅行，每一步探索都是成长的坚实印记。

这些方法层层递进，不仅提升了孩子们诸如解释推断、分析归纳、联想迁移等阅读能力，更在实践中培养了他们的综合素养与探索精神。孩子们从懵懂的阅读者逐渐蜕变，能够深度理解书籍，将知识融会贯通，勇敢表达观点，主动探索世界。

第 6 章

阅读力进阶，提分提素养

阅读是通往知识殿堂的桥梁，而阅读能力的进阶则是攀向更高认知山峰的阶梯。当孩子跨越基础阅读阶段后，如何让阅读不仅成为滋养心灵的养分，更成为应对学业挑战、提升综合素养的有力武器？这正是"阅读力进阶"的核心命题——学习者既需要在字里行间积淀文化底蕴，也需要在应试场景中将阅读力转化为精准的理解能力与答题策略。考试成绩作为学习成果的阶段性检验指标，恰是阅读力进阶效果的直观呈现。接下来，我们将从应试视角切入，解析如何通过科学的阅读方法突破考试中的理解瓶颈，让阅读能力真正转化为看得见的分数提升，同时为后续探讨阅读如何涵养深层素养埋下伏笔。

第 1 节

通过有效阅读提高考试成绩

在孩子漫长的学习生涯中，考试成绩常常是衡量其学习成果的重要指标，而有效阅读能力的培养，对提高考试成绩起着关键作用。它不仅能帮助孩子更好地理解考试中的阅读材料，还能提升孩子对知识的记忆与应用能力。下面，我们就详细探讨一些借助有效阅读提高考试成绩的实用方法。

1. 主动阅读：高考考高分，是因为平时带着问题去思考

当阅读不再是被动接受文字的过程，而成为一场充满惊喜的知识探险时，青少年的思维世界将绽放出耀眼的光芒。近 5 年高考语文试

卷中的诸多试题设计，正是这一理念的生动体现。这些试题引导学生在阅读中主动思考、积极提问，将文字转化为思维的火种，点燃探索未知的热情。

在 2024 年新高考 I 卷现代文阅读中，试题要求学生结合文本分析"从全局、长远和大势着眼"的思维方法对我们在现实生活中"看问题、想问题"的启示。这一设计打破了传统阅读题的机械问答模式，鼓励学生将历史智慧与当下生活相联结，在主动思考中提炼出具有实践价值的方法论。考生在作答时需要跨越时空界限，将文本内容与个人成长路径相结合，这种阅读过程本身就成了培养辩证思维的重要课堂。

最能体现主动阅读理念的，当属同年新课标 II 卷的写作试题"抵达未知之境"。试题以探月工程为背景，要求学生结合材料中"嫦娥四号"揭开月背面纱、"天问一号"飞向深空的壮举，写出由此引发的联想与思考。这种命题设计不仅考查了学生的阅读理解能力，更重要的是引导他们在主动思考中建立"知行合一"的认知体系，将阅读转化为指导人生实践的思想武器。

这些高考语文试题的设计启示我们：真正的阅读应当是思维与文字的深度对话。当青少年在阅读中学会像科学家般观察现象、像哲学家般追问本质、像艺术家般感知意境时，文字便不再只是静态的符号，而是化作了滋养思维的清泉。这种主动阅读的能力，不仅能提升青少年的学业表现，更将成为他们终身受用的思维利器，助力他们在知识的海洋中乘风破浪，抵达更为广阔的未知之境。

在孩子学习数学知识时，主动阅读在提升阅读力方面也发挥着巨大作用。以小学数学应用题为例。下面这道题："超市运来苹果 200

千克，运来的梨比苹果少 50 千克，运来的香蕉的质量是梨的 2 倍，问香蕉有多少千克？"解题时，需要通过阅读明确各个量的关系——"梨比苹果少 50 千克""香蕉的质量是梨的 2 倍"。若读题不仔细，把"少 50 千克"看成"多 50 千克"，后续计算都会出错。这说明，阅读时精准抓取数量关系，是应用题解题的基础；读错关键信息，公式用得再对也会偏离正确的方向。

为了更好地进行主动阅读，不妨准备一个专门的笔记本，在阅读过程中，把产生的问题随时记录下来；读完之后，回过头来整理思路，尝试自己寻找答案。要是在书本中找不到满意的答案，还可以查阅其他相关书籍、学术论文，或者向老师和同学请教。比如，阅读《钢铁是怎样炼成的》时，若对保尔·柯察金在艰难困苦中坚定信念的精神来源产生了疑问，就可以去图书馆借阅关于苏联革命历史的书籍，或者从网上查找相关的研究文章来解惑。这样，孩子就能在主动阅读的过程中不断提升理解和记忆能力，为考试做充分的准备。

此外，还可以建立一个问题清单，定期检查问题的解决情况，积极探索未知的知识，培养自主学习能力。

2. 关键词标记：快速回顾主旨和重点

关键词就如同文章这座大厦的基石，抓住了关键词，就能更好地把握文章的主旨和重点内容。在阅读过程中，可以使用不同颜色的笔来标记这些关键元素。

除了用颜色标记，还可以在关键词旁边写一些简要的批注，注明这个关键词的含义、用法或在文章中的作用。这样在复习时，看到这些标记和批注，就能迅速回忆起相关知识，构建起完整的知识体系。

孩子可以和同学一起制作生物进化的思维导图，把关键词和批注融入思维导图中，帮助自己更好地理解和记忆生物进化的过程与原理。

3. 间隔重复：以时间复利巩固记忆

记忆是一个奇妙而复杂的过程，而间隔重复法则是帮助巩固记忆的有效法宝。

以学习英语单词为例，假设第一天记住了 10 个新单词，如果第 2 天就把它们抛到脑后，很快就会遗忘；但要是在第 2 天、第 4 天、第 7 天、第 15 天分别对这些单词进行复习，效果就会大不一样。

第 2 天复习时，可以通过背诵和默写的方式，检验是否还记得这些单词的拼写和含义。第 4 天复习时，尝试用这些单词造句，这样既能记住单词的拼写和意思，又能掌握它们的用法。第 7 天复习时，做一些相关的练习题，比如选择题、填空题，加深对单词的理解和记忆。第 15 天复习时，把这些单词融入一篇英语短文，通过阅读短文来巩固记忆，看看是否能准确理解单词在语境中的含义。

可以制订英语单词复习计划，每天抽出一定的时间来复习单词，如背诵单词、默写检查、纠正发音等。

对于其他学科的知识，如历史事件、数学公式、物理定理等，同样可以运用间隔重复法。可以用纸板制作不同的三角形，通过实际操作来验证全等三角形的判定定理，或者解决实际生活中的一些几何问题，如测量建筑物的角度和边长等，提高数学应用能力。

4. 小组学习：在知识的欢乐聚会中提高学习效率

小组学习就像一场知识的欢乐聚会，同学们聚在一起，分享各自的见解和经验，携手攻克学习上的重重难题。

无论是语文、数学还是英语学习，定期与小组成员交流在小组学习中的表现和收获，如分享在小组中遇到的有趣的问题和解决方法并总结学习经验，都益处多多。孩子可以在小组讨论前，先自己深入阅读理解，做好笔记，然后在小组讨论中积极发言，分享自己的观点和感悟，同时认真倾听其他同学的意见，拓宽自己的思维。

小组学习同样适用于其他学科。学习化学时，在"金属的化学性质"这一章的学习中，小组内可以对金属与酸的反应、金属与盐溶液的反应等内容展开讨论；小组同学也可以一起做一些简单的化学实验，如将铁钉放入硫酸铜溶液中观察现象，在实验中直观地感受金属与盐溶液的反应，然后各自在小组中分享自己的实验结果和体会。

为了让小组学习更加高效，可以制定一些小组规则。比如，在每次讨论前确定一个主题；每个同学都要积极发言，并尊重他人的意见；讨论结束后，对讨论的内容进行总结和整理。同时，还可以定期组织小组活动，像知识竞赛、读书分享会等，激发学习兴趣，增强小组的凝聚力。比如，在学完一个单元的地理知识后，组织各个小组间的地理知识竞赛，设置选择题、简答题、论述题等不同题型，让孩子在竞赛中巩固知识，培养团队合作精神。

AI 应用　使用豆包分析考试题型和阅读材料

使用豆包分析考试题型和阅读材料有以下四步核心操作。

第一步 拍试卷（3 分钟）

打开手机的相机功能，确保光线充足，对试卷进行拍摄。

- 整张试卷：拍摄时尽量使试卷平整、四角对齐，保证试卷上的所有内容都能清晰完整地呈现在照片中，以便豆包能全面识别试卷信息
- 重点错题：对于试卷中答错的题目，提前用红笔清晰地圈出。拍摄时聚焦错题部分，保证错题的题目内容、选项（如果有）以及答题区域都清晰可见
- 老师批注：包括评分标准和评语部分，要完整地拍摄下来。评分标准能帮助了解得分和失分的具体规则，评语则可能包含老师对孩子学习情况的针对性建议，这些信息对分析试卷都非常重要

第二步 输入指令并发送

打开豆包的官方网站或进入 App 对话框，将以下指令粘贴并根据实际情况修改后发送（可直接复制）：

请分析我刚上传的照片"具体年级和学科试卷名称（如五年级语文期中卷）"。

- 详细列出失分最多的 3 个题型，并分析每个题型孩子可能存在的失分原因
- 精准找出每个题型所对应的课文知识点，说明该知识点在课文中的具体位置和体现方式
- 结合试卷分析结果，推荐 2 个与失分题型相关的、高质量的针对性练习资源，如具体的在线练习网站、相关的辅导书籍名称等

第三步 薄弱项练习（每日 10 分钟）

根据豆包给出的资源信息进行有针对性的练习：访问系统推荐的"同类型题"资源链接，进行同类型题目的练习。在练习过程中，注意总结解题思路和方法，遇到不懂的问题及时记录下来。

第四步 形成错题本并关注变化（每周对比）

准备一个专门的错题本，将错题整理到错题本上，并进行如下标注。

- 已掌握的题：当孩子再次遇到之前的错题并能够正确解答时，用绿色荧光笔划掉该题目，表明这个知识点已经掌握，后续可以适当减少对该题目的复习时间

- 还不会的题：对于学习和练习后仍然不会的题目，在题目旁边贴上表情贴纸，如难过或困惑的表情，提醒自己和孩子这是需要重点攻克的薄弱环节，后续要增加对相关知识点的学习和练习强度

通过以上四个步骤，家长可以借助豆包更高效地分析孩子的考试试卷，帮助孩子有针对性地提升学习成绩，逐步攻克学习中的难点和弱点。

第 2 节

通过阅读提升沟通和社交能力，让生活的色彩更加丰富

生活恰似一幅宏大的画卷，沟通与社交就如同调色盘里的缤纷颜

料，要是能巧妙调和，便能绘出绚丽多彩的图案。而阅读会教给我们调和色彩的智慧。它借由文字，为我们揭开与他人有效互动的奥秘，助力我们提升沟通和社交能力，让原本平淡无奇的生活画布变得丰富多彩。

1. 学学书里怎么跟人聊天更有效

想象一下，你身处一场热闹的聚会，周围都是或熟悉或陌生的面孔。你满心期待着能和大家畅快地聊聊天，可真到开口的时候，却脑袋空空，完全不知道从哪儿说起。好不容易鼓起勇气说了几句，却发现话题干巴巴的，根本引不起别人的兴趣。我猜，这种尴尬的场景不少人都经历过。其实，书里藏着很多与人聊天的绝妙方法。

阅读沟通类书籍，就如同与经验丰富的沟通达人面对面交流。学习他们总结的宝贵技巧，并将这些技巧运用到日常生活中，你会惊喜地发现，与人聊天变得轻松愉快，彼此的关系也愈发亲近了。

2. 找个朋友或家人练练不同场景下的对话方式

读书能给我们提供一些理论知识，可要是想把这些知识变成自己实实在在的本事，还得靠实践。找朋友或家人，一起模拟不同场景下的对话，就是一个提升沟通反应能力的好办法。

比如，模拟一个商务谈判的场景，你扮演销售人员，朋友扮演客户。客户嫌产品价格太高，这时候，你就得赶紧把从销售类书籍里学到的本事拿出来应对。你可以对客户讲讲产品使用的原材料有多优质、工艺有多独特、能给客户带来多少长期的好处。这么一解释，客户就能明白价格为什么较高了。再如，模拟在医院候诊时与陌生人聊天。朋友扮演那个抱怨候诊时间太长的陌生人，你就从人际交往的书里找灵感，回应说："是啊，等待的时间确实难熬。不过我听说这家医院的医生医术都特别好，为了能得到好的治疗，多等会儿也值了。对了，您是来看什么病的呀？"像这样多模拟几次，你就能锻炼自己在不同情况下的反应能力，下次再碰到类似的真实场景，就能应对得游刃有余了。

3. 共情：学会情绪管理

情绪在沟通和社交里起着特别关键的作用。《情绪急救》这本书就讲得很明白：我们常常会忽略情绪上受的伤，就跟有时候会忽略身体上的伤口一样。和别人交流时，要是管不住自己的情绪，很容易一冲动就说出伤人的话。就像在工作中，与同事讨论方案，同事提出了不同意见，这时候你要是没控制住情绪，马上反驳，甚至发脾气，那矛盾就很容易产生了。读这类关于情绪的书，能让我们学会看清自己情绪产生的原因，在情绪快要失控的时候，用书上教的深呼吸、转移注意力等办法，让自己冷静下来。

而且，读这类书还能帮我们理解别人的感受。《非暴力沟通》这本书里就提到，要学会观察别人的行为，体会他们行为背后的感受和需求。要是看到朋友闷闷不乐、不怎么说话，我们就能根据书上所学的，猜到他可能遇到烦心事了，正需要有人听他倾诉。这时候，我们可别只干巴巴地问一句"怎么了"，而要说："我看你今天心情不太好，是不是碰上什么事情了？要是你愿意，跟我说说呗，我在这儿听着呢。"这么一说，对方就能感到自己被理解，与你的关系也能更近一步。

4. 知礼不逾矩：在社交舞台大方得体

这世界宛如一个巨大的社交舞台，各个地方的人们都有一套独特的社交规矩。阅读相关书籍，能帮助我们在这个舞台上表现得大方得体，避免因不知晓规矩而失礼。

通过阅读介绍日本文化的书籍，我们能了解到，初次见面时，日本人通常鞠躬 30 度左右以表尊重；而在正式的商务场合，鞠躬角度可能要达到 45 度甚至更大。与日本朋友或合作伙伴交往时，恰当的鞠躬角度会让对方立刻感受到我们对其文化的尊重与了解。

再讲讲印度。在印度的社交场合中，人们习惯用右手传递物品，因为他们认为左手不洁。若不了解这一习俗，与印度人打交道时用左手递东西，很可能会引起对方不快。

除了这些常见的例子，还有不少有意思的社交"冷知识"。在俄罗斯，送花时不能送偶数枝，因为偶数枝花通常用于葬礼，奇数枝花才代表吉祥。在英国，人们排队的意识很强，在公共场合一定要按顺序排队，插队是非常不被接受的行为。在斐济，当主人给客人送上食物时，客人要当场吃掉，并且要赞美食物的味道，否则会被认为不尊重主人。

所以，阅读那些介绍不同国家和地区文化习俗的书籍，能让我们在与不同文化背景的人交往时，做到入乡随俗，展现出良好的素养，让交流更加顺畅。

5. 从旁人的评价中提升改进自己

读书能让我们从书里学到知识和方法，可要是想真正提升沟通和社交能力，还得听听别人对自己的看法，从现实生活里得到反馈。

你可以找个合适的时机，比如和朋友聚会或跟家人交流的时候，问问他们对你的沟通方式的看法。听了这些反馈，你再对照从书上学的沟通技巧，就能有针对性地改进。要是说话太快，就学学书里控制语速的办法，刻意放慢语速；要是表达关心的方式不好，就借鉴书里更加温和、委婉的表达方式。

6. 模拟场景阅读，锻炼阅读理解和表达能力

现代科技越来越发达，AI 给我们提升沟通和社交能力提供了新的途径。通过 AI 模拟场景阅读，能让我们在虚拟但又特别真实的环境里，锻炼阅读理解和表达能力。

许多 AI 软件具备丰富的场景模拟功能，这对学生来说可是提升沟通能力的得力助手。

在班级竞选班干部的讨论会上，同学 A 满怀热忱地说道："我觉得班长得具备出色的组织协调能力，我想自荐一下。之前组织活动时，我积累了很多经验，像上次运动会，从项目规划到后勤供应，我将各个环节都安排得妥妥当当，我相信自己有能力让咱们班级更上一层楼。"谁料，同学 B 毫不客气地大声插话："就你？上次运动会结束后，器材都没整理好，还敢说有经验。再说了，你的成绩又不是班级里最好的，凭什么能当班长？"这话一出口，现场刹那间安静下来，氛围变得异常压抑；同学 A 的脸瞬间涨得通红，尴尬与窘迫溢于言表。

回到家后，满心困惑与委屈的同学 A 想到了借助 AI 来化解难题。同学 A 打开常用的 AI 软件，把在竞选会上的这段经历详细地描述给 AI，然后诚恳地问道："请问呀，我在班级竞选班干部时遇到了这种

情况，当时被同学 B 当众反驳，我心里又气又急，你说我那时是什么感受呢？要是你处在我的位置，会怎么回应同学 B，才能既让自己不失尊严，又巧妙地缓和现场那种压抑的氛围，让竞选讨论顺利继续下去呢？"

AI 建议 A 同学按照以下几个步骤和 B 同学沟通。

（1）接纳质疑：诚恳承认不足，缓和氛围（如："谢谢你指出问题，我确实有需要改进的地方"）。

（2）聚焦优势：强调自身与班长职责匹配的能力（如："我更擅长协调组织，能带动大家一起进步"）。

（3）拉回主题：引导关注班级利益，提出具体方案（如："不管谁当选，关键是能解决问题，我有几个改进想法想听听大家的意见"）。

（4）展现格局：表达愿为班级服务的态度（如："无论结果如何，我都会尽力为班级出力"）。

在口语表达训练方面，一些软件还能模拟语音对话场景。比如，设定一个在学校食堂的棘手场景：你不小心撞到了一位不太熟悉的同学，还把汤洒到了对方身上。软件扮演这位同学，它可能会有点生气地说："你怎么回事啊，走路这么不小心，我刚换的衣服呢！"此时，你要依据这个场景以及软件给出的回应，迅速组织语言进行交流，诚恳地道歉并提出解决办法，就如同面临真实的食堂突发状况一样。这样的模拟训练，不仅能帮助你更好地理解书本里讲授的沟通技巧，还能在反复实践中不断提升自己的表达能力，为在真实的校园社交场景中遇到棘手情况做充分的准备。

AI 应用　输入社交场景，让 AI 推荐相关阅读材料

在学生的成长过程中，社交就像生活里的调色盘，为校园时光添上缤纷色彩。但不同的社交场景，也像一道道关卡，考验着他们。接下来，我们就一起看看这些常见的社交场景，再给同学们推荐一些超有用的阅读材料，帮助大家轻松应对。

场景一：线上社交与网络安全

AI 推荐阅读：《给孩子的网络生存手册》

内容： 以生动有趣的绘本形式，向小学生介绍网络世界中的各种潜在风险，如隐私泄露、遇到陌生人搭讪等问题，并通过简单易懂的故事和图画，教导孩子们如何保护自己的隐私，识别网络中的危险，以及正确的网络社交礼仪。

特点： 绘本的形式符合小学生的阅读习惯，色彩鲜艳的画面和简单的文字能够吸引孩子的注意，让他们在轻松愉快的阅读中了解网络安全知识，提高自我保护意识。

场景二：线下社交技巧提升

AI 推荐阅读：《好好长大：小学生第一本校园社交手册》

内容： 围绕小学生在日常生活中可能遇到的各种面对面社交场景，如在课堂上发言、和新同学交朋友、参加集体活动等，讲述主人公如何克服胆小害羞的心理，逐渐学会勇敢地表达自己、与他人友好相处的故事。书中还穿插了一些实用的社交技巧和方法，帮助孩子在阅读中学习如何提升自己的社交能力。

特点： 通过贴近孩子生活的故事，让他们产生共鸣，能够更好地理解和接受书中所传达的社交技巧。同时，绘本中的画面温馨可爱，有

助于缓解孩子对社交的紧张情绪，让他们在阅读中感受到社交的乐趣。

场景三：社交焦虑与心理调适

AI 推荐阅读：《大脚丫跳芭蕾》

内容：讲述了一个叫贝琳达的女孩，她非常喜欢跳芭蕾，却因为有一双大脚而遭到别人的嘲笑和质疑，一度陷入自卑和自我怀疑。但贝琳达没有放弃，最终凭借自己的努力和对舞蹈的热爱，在舞台上绽放出属于自己的光彩。这个故事鼓励孩子们要相信自己，不要因为他人的评价而否定自己，要勇敢地追求自己的梦想。

特点：故事充满正能量，能够让小学生在阅读中感受到主人公克服自卑、勇敢面对他人评价的精神力量。精美的插画也能吸引孩子的注意，帮助他们更好地理解故事内容，从而在潜移默化中受到启发，学会接纳自己，克服社交焦虑。

场景四：团队合作与群体活动

AI 推荐阅读：《小黑鱼》

内容：一群小红鱼被一条大金枪鱼吃掉了，只有小黑鱼逃脱了。小黑鱼没有独自逃走，而是带领剩下的小红鱼团结起来，组成了一条巨大的"鱼"，成功吓退了大金枪鱼。这个故事展现了团队合作的力量，告诉孩子们在遇到困难时，要学会团结协作，发挥各自的优势，共同解决问题。

特点：故事简单却富有深意，通过生动的画面和形象的描述，让小学生能够直观地感受到团队合作的重要性。同时，书中也蕴含了一些关于群体活动中如何分工、如何相互配合的道理，能够引导孩子们在参与团队活动时学会与他人合作，提高团队协作能力。

总结与建议

学生社交能力的培养，光靠看书可不行，还得在实际生活中去运用。

家庭与学校联动：家长们可以参考相关建议，多和孩子在家里讨论关于社交的事情，也可以带孩子参加一些线下活动，让孩子有机会把学到的社交技巧用起来。学校可以多组织一些群体活动，就像前面提到的案例那样，让同学们在活动中学会合作和交流。

工具辅助：虽说不用特别复杂的 AI 工具，但可以找一些简单的 AI 工具来模拟社交场景对话，自己和自己来一场角色扮演，多练习练习。

持续学习：要养成定期阅读社交类书籍的好习惯，还可以参加辩论社、去做志愿者，在这些实践活动里慢慢走出自己的舒适区。

在孩子成长的漫漫长路中，阅读力宛如一座明亮的灯塔，在提高成绩与提升社交能力这两大关键领域，稳稳地指引着方向。凭借主动阅读、关键词标记、间隔重复、小组学习等一系列实用方法，孩子们能够在浩瀚的知识海洋里找准航线，成绩得到显著提升，为学业发展铺就坚实的基石。

而在社交的广阔天地里，阅读又如同神奇的魔法棒，助力孩子掌握高效的聊天技巧，学会管理自己的情绪，理解不同文化背景下的社交规矩，还能借助模拟场景练习等方式，不断提升沟通能力。有了阅读的助力，孩子们能够轻松地结交朋友，体验丰富多彩的社交生活。

我们需要深刻认识培养阅读力的重要意义，积极鼓励孩子在阅读的世界中不断探索；引导他们把阅读中学到的知识运用到实际生活里，在学习中检验阅读的成效，在社交中展现阅读的成果。相信在阅读的滋润下，孩子们在学业上定能斩获佳绩，在社交中也能如鱼得水。他们将以自信、从容的姿态，勇敢地迎接未来人生的各种挑战，书写属于自己的辉煌篇章。

第 7 章

成为终身学习者，
让阅读力持续生长

未来的终身学习者，将是跨越现实与虚拟、融合理性与感性的多元践行者。他们既能在纸质书页间捕捉思想的灵光，也能借助 AI 工具搭建知识的星图；既能在角色扮演中体验不同人生，也能在虚拟现实里重构认知边界。这场阅读的征程没有终点，唯有不断打破认知的边界，才能在人类文明的星河里，找到属于自己的坐标。

第 1 节 ▶

阅读，并非越多越好

当今世界，信息爆炸，书多得超乎想象。家长们满心期待孩子能在书的海洋中尽情遨游，汲取知识养分。但不少人也因此陷入一个误区，觉得孩子读的书越多，知识储备就越丰富，未来发展就越有保障。但实际上，阅读这件事，绝非仅仅依靠数量的堆砌就能实现其价值。

1. 摒弃"阅读量至上"的观念

过度追求阅读量，极易导致孩子的阅读浮于表面，根本无法真正把握其中的精髓，知识难以得到有效的积累，思维也无法实现深度的拓展。更为糟糕的是，孩子还容易因这种虚假的满足感，忽视阅读质量的重要性，长此以往，阅读习惯和阅读能力的培养都会面临极大的阻碍。

而且，单纯将阅读量作为追求的目标，会使孩子根本无暇对每一本书进行深度剖析。每一本优秀的书，都凝聚着作者独特的思想和无尽的智慧，需要孩子静下心来，投入时间和精力去细细品味。认知心理学家丹尼尔·威林厄姆（Daniel Willingham）强调，深度阅读需要专注与思考，而大量无质量的阅读会分散这种专注力。以哲学类图书《苏菲的世界》为例，它以一种生动有趣的方式向读者介绍哲学的发展历程和众多哲学思想。若孩子只是为了增加阅读量而快速浏览，那么就无法理解书中对苏格拉底、柏拉图、亚里士多德等哲学家思想的深入探讨，也难以体会哲学思考对人类认知世界的重要意义，白白错过书中宝贵的思想财富。长此以往，孩子很难养成深度思考的习惯，阅读对于他们思维能力提升的作用也会大打折扣。

2. 阅读的"质"与"量"平衡

（1）阅读质量的衡量标准

阅读质量的衡量涵盖多个重要维度。首先是对内容的理解程度，高质量的阅读要求孩子能够精准无误地把握书籍所传达的核心观点、论点以及严密的论证逻辑。认知科学领域的研究表明，对知识的深度理解有助于对知识的长期记忆与应用。当孩子阅读经济学启蒙著作《小狗钱钱》时，需要理解书中关于理财的基本概念，比如如何储蓄、投资，以及金钱与价值之间的关系等核心内容，并且要清晰地分辨不同理财观念之间的细微差别和内在联系，这才表明孩子对书的内容有了较为深入的理解。

其次，阅读之后的思考感悟的深度至关重要。当孩子读完一篇关于社会现象分析的文章，比如探讨青少年沉迷电子游戏现象的文章后，他们不能仅仅停留在知道有这样一个现象的表面认知上，而是要深入挖掘其背后的深层次原因，思考这种现象对青少年自身的学习、身心健康、社交发展等方面会产生怎样的影响，以及有哪些切实可行的解决办法。孩子通过思考，提出家庭、学校和社会应该共同营造健康的娱乐环境，引导青少年培养多元化兴趣爱好等观点，这就充分体现了他们的深度思考。

最后，阅读对孩子个人行为与认知的改变是衡量阅读质量的关键指标。发展心理学家让·皮亚杰的认知发展理论指出，知识的内化会影响行为与认知的发展。若阅读能够促使孩子在实际生活中做出积极正向的改变，那么这样的阅读便是极具价值的。比如孩子阅读了关于良好学习习惯养成的书籍后，在日常学习中开始主动制订详细的学习计划，合理安排每天的学习时间，认真整理课堂笔记和作业中的错题，这就表明阅读已经从知识层面成功地转化为实践行动，对孩子的学习行为产生了积极的引导作用。又比如，孩子阅读了名人传记后，受到书中榜样人物的激励，在面对学习和生活中的困难时，变得更加坚强勇敢，对自己未来的人生目标有了更清晰明确的规划，这些都是阅读给孩子带来的积极且深远的改变。

（2）如何平衡阅读的质与量

合理规划阅读时间是实现阅读质与量平衡的关键所在。家长可以帮助孩子将阅读时段进行科学划分，一部分时间用于精读少量高质量的书籍，深入挖掘其中的内涵；另一部分时间则用于泛读，以此拓宽孩子的知识面。美国阅读研究专家吉姆·崔利斯在《朗读手册》中提到了合理安排阅读时间的重要性。每周可以安排三天，每天让孩子花一小时来精读经典书籍；另外四天，每天安排半小时让孩子进行泛读，让他们浏览科普杂志、时事新闻资讯等，获取多元丰富的信息。

同时，要善于利用碎片化时间，比如孩子在乘坐公交车上下学的途中、课间休息的短暂时间、排队等待的间隙，都可以阅读一些简短的科普短文、有趣的小故事等，积少成多，让阅读自然而然地融入孩子的日常生活。

挑选合适的书籍对于平衡阅读的质与量也十分重要。对于精读的书籍，家长要为孩子挑选那些具有深厚内涵、经得起时间考验的经典名著，或者在某一学科领域具有权威性的读物。而泛读的书籍则可以更加多样化，涵盖当下热门的校园文学作品、各种科普杂志、趣味性强的漫画书等。在挑选书籍时，家长可以参考书评网站（如豆瓣读书）的推荐、学校老师的建议、图书馆的借阅排行榜，同时充分考虑孩子的兴趣爱好，确保所选书籍既符合孩子的年龄和认知水平，又具有较高的质量。

运用多元的阅读方法同样是实现阅读质与量平衡的有效手段。在孩子精读时，鼓励他们采用批注阅读的方式，在书页的空白处写下自己对书中内容的疑问、独特的感悟、由此引发的联想，以及对优美语句的赏析等。例如，当孩子阅读《昆虫记》时，可以对法布尔描写昆虫独特习性的精彩段落进行批注，记录下自己对昆虫奇妙行为的思考和惊叹。同时，引导孩子借助思维导图来梳理书籍的结构，帮助他们更好地理解书籍的逻辑关系。比如孩子读完一本历史类图书后，制作思维导图，将历史事件的时间、地点、人物、起因、经过和结果等要素清晰地呈现出来，这样有助于加深孩子对历史知识的理解和记忆。对于泛读的书籍，孩子可以运用快速浏览、略读等技巧，迅速抓住关键信息，比如孩子在阅读报纸时，通过快速扫视标题和重点段落，就能大致了解新闻的主要内容。此外，还可以尝试主题阅读法，围绕某一个特定的主题，比如"环境保护"，让孩子同时阅读历史、地理、生物、文化等不同领域关于环境保护的书籍，从多个角度全面深入地了解该主题，拓宽知识面和思维视野。

积极参与阅读交流活动能够进一步促进阅读质与量的平衡。家长可以鼓励孩子加入学校或社区组织的读书俱乐部、线上阅读小组等，与其他孩子一起分享阅读心得。定期组织线下读书分享会，让每个孩子围绕一本自己读过的书进行 15 ～ 20 分钟的分享，详细讲述书的主要内容、自己阅读后的感悟以及这本书对自己产生的启发，然后大家一起展开热烈的讨论。在线上阅读平台，如班级微信群、专门的阅读App 交流社群，家长可以引导孩子每天在一个固定的时间段，分享自己当天的阅读感悟，与其他小读者互相交流评论，彼此推荐好书。此外，还可以带孩子参加"作家进校园"、文学讲座、科普展览等活动，让孩子有机会近距离与作者、专家交流，获取更深入的解读和创作背后的故事，进一步提升阅读的质量和兴趣。许多城市的图书馆官网都会发布各类阅读活动的信息，方便家长和孩子参与。

3. 深度阅读：提升思维的深度与广度

（1）深度阅读的方法

营造沉浸式的阅读环境是深度阅读的重要基础。家长要在家中为孩子打造一个安静、没有干扰的专属阅读空间，在孩子阅读时，提醒他们关闭电视、手机、平板电脑等可能分散注意力的电子设备。可以在孩子的书房里精心设置一个阅读角，摆放舒适柔软的桌椅，确保足够明亮的灯光，周围整齐地陈列孩子喜欢的各类书籍。环境心理学家罗伯特·索默（Robert Sommer）的研究表明，舒适、安静的环境有助于提升阅读的专注度。当孩子阅读科幻小说时，家长可以帮助孩子播放一些空灵悠远的背景音乐，适当调暗灯光，营造出神秘而充满想象的氛围；当孩子阅读历史书籍时，在旁边摆放一些相关历史文物的模型或图片，增强孩子的代入感，让孩子能够全身心地投入阅读之中。

践行批判性阅读是深度阅读的核心所在。家长要培养孩子批判性阅读的习惯，让他们不要盲目地接受书中的所有观点，而是学会运用自己的思考去分析和判断。在阅读过程中，鼓励孩子记录自己的疑问和不同看法，然后通过查阅相关资料、与家长或同学讨论等方式进行验证和深入思考。对于有争议的问题，家长可以组织家庭讨论或邀请孩子的同学来家里进行小组讨论，让孩子从不同的视角去理解和分析，培养批判性思维。

构建与书籍的深度对话机制是深度阅读的关键环节。鼓励孩子在阅读过程中与书籍进行"对话"，可以通过写读书笔记、向作者提问的方式，尝试从书中寻找答案。读完后，引导孩子与家人、朋友或阅读伙伴交流阅读感受，分享对书中人物、情节的看法。此外，家长还可以帮助孩子尝试给作者写信，表达孩子对作品的理解和困惑，如果能收到作者的回复，将给孩子带来独特而珍贵的阅读体验。另外，鼓励孩子对书籍进行续写、改写，从自己的理解和想象出发，重新诠释故事，从而加深对原著的理解和记忆。许多文学创作类网站会有关于如何进行书籍续写、改写的指导文章。

运用联想与拓展阅读的方法能够丰富孩子的知识网络。家长要引导孩子在阅读时将书中内容与自己已有的知识、生活经验相联系。认知学习理论强调新知识与旧知识的关联对学习效果的影响。比如在孩子阅读地理书籍中关于地貌形成的内容时，鼓励他们联想自己在旅行中看到的奇特地貌，如雄伟的山峰、深邃的峡谷、神奇的溶洞等，以及在纪录片、科普节目中了解到的相关知识，思考书中的理论知识如何在现实中体现。同时，根据书中提到的知识点，引导孩子进行拓展阅读。例如，书中提到了某种珍稀植物，家长可以和孩子一起查阅植物学专著、科普文章，了解该植物的生长习性、分布区域、保护现状等更多的信息。通过联想和拓展阅读，帮助孩子构建更加丰富的知识网络，提升思维的灵活性和广度。家长可以和孩子一起制作知识联想卡片，将书中的关键知识点与相关的联想内容、拓展阅读资料记录下来，方便孩子随时复习和深入思考。

（2）深度阅读对思维的影响

深度阅读能够极大地提升孩子思维的深度。当孩子阅读数理化等学科的书籍时，通过深入理解复杂的定理推导、实验原理，学会从多个层面去思考问题。深度思维的培养，使孩子在面对学习和生活中的各种问题时，能够透过现象看本质，抓住问题的关键，运用所学知识进行深入分析，做出准确的判断和合理的决策。

深度阅读还能有效拓宽孩子思维的广度。阅读不同领域的书籍，如文学、历史、科学、艺术等，能够让孩子接触到各种各样的思想和观点，打破思维局限。神经科学研究发现，多元知识的摄入能够刺激大脑不同区域的协同工作，拓宽思维。例如，阅读艺术史类书籍会让孩子从艺术的角度去看待世界，丰富他们的认知方式和审美观念。当孩子遇到问题时，能够从多个学科、多种视角去思考解决方案。比如在完成学校的创意项目时，孩子可以利用来自历史故事的灵感，运用科学知识进行数据分析，从艺术审美的角度进行设计，从而提升综合素养，为成为具有深度和广度思维的终身学习者奠定坚实的基础。又如在解决人际交往中的矛盾时，孩子能够从文学作品中人物的沟通技巧、心理学知识对人性的理解等多方面来寻找解决办法，以更加包容和多元的思维方式去处理问题。

阅读习惯：打破常规束缚

打破阅读时间的固化框架，能让孩子以更松弛的状态亲近阅读。但培养良好的阅读习惯，绝非仅靠灵活安排时间就能实现；阅读习惯的养成是一个系统工程，还需要在阅读方式、阅读环境等多个维度发力。下面，就让我们继续探索更多助力孩子养成优质阅读习惯的实用方法。

1. 打破固定阅读时间的限制

（1）传统固定阅读时间的局限性

在传统观念里，我们往往习惯给孩子设定固定的阅读时间，比如把每天晚上 8 点到 9 点雷打不动地安排为阅读时段。这种看似有条不紊的规划，实则暗藏诸多弊端。

从灵活性角度来看，孩子的日常生活充满变数。学校的学习任务并非每天都相同，如若孩子参加了学校的社团活动、体育训练，结束后拖着疲惫的身体回到家，此时若依旧遵循固定的阅读时间，孩子极有可能因为时间紧迫而对阅读任务草草了事；抑或阅读兴趣正浓，固定阅读时间却已结束，孩子只能被迫中断阅读，不仅破坏了阅读过程中思维的连贯性，也让孩子无法进行更深层次的思考与探究，阅读效果会大打折扣。

从对阅读兴趣的影响方面而言，固定阅读时间可能会压抑孩子阅读兴趣的自然萌发。孩子的阅读热情并非如时钟般规律、时刻处于同一水平。若强行统一，孩子内心主动探索书籍世界的积极性会逐渐被消磨，阅读不再是源于内心渴望的自主行为，而慢慢沦为一项刻板、不得不完成的任务。就像原本充满活力的阅读小火苗，在一次次被压抑中，渐渐变得微弱。

（2）灵活安排阅读时间的优势

在既定的整体时间框架内，给予孩子灵活安排阅读时段的空间，能显著增强他们的阅读自主性。当孩子可以根据自身当下的状态与兴趣自由开启阅读时，往往会展现出更高的投入度。由于阅读基于孩子自身浓厚的兴趣，他们会不自觉地全神贯注，对书中每一个冒险场景的描绘、每一个人物的细微表情和心理变化都能感受得更为深刻。

灵活的阅读时间能够完美适应孩子多变的生活节奏。在课业繁重的日子里，孩子可以巧妙利用完成作业后的碎片化时间，选择阅读几页轻松愉悦的短文或优美的诗歌。这些简短的阅读内容既能让孩子保持阅读的连贯性，又不会因为时间紧张而对阅读产生厌烦情绪。这种弹性十足的阅读时间安排，让阅读如同灵动的溪流，自然而然地融入生活的各个角落，成为生活不可或缺的一部分，而非强加于孩子身上的额外负担。

2. 走出舒适区，尝试不同类型的阅读

（1）舒适区阅读的弊端

如果孩子长期只阅读自己熟悉、喜欢的某一类书籍，就犹如被困在一个知识的小圈子里，长此以往，容易"营养"不均衡，严重影响孩子的全面发展（见图 7-1）。

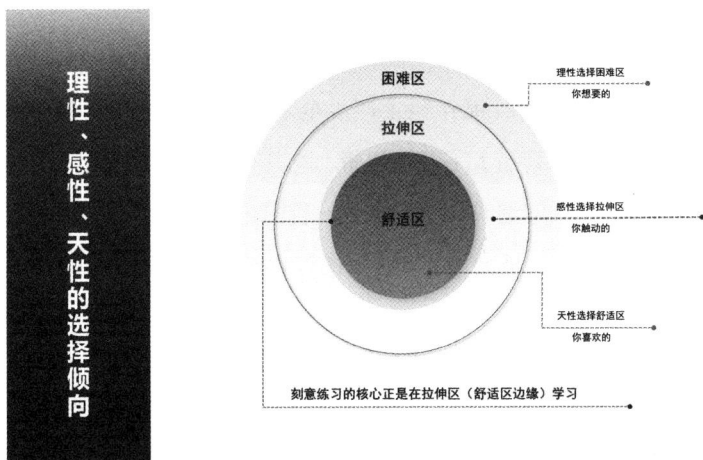

图 7-1　尝试不同类型的阅读，在拉伸区进行阅读

（资料来源：周岭：《认知觉醒》[①]）

同时，舒适区阅读容易使孩子思维固化，对复杂社会现象的理解能力得不到锻炼，对于人性在不同环境下的多元表现缺乏认知。当面对现实生活中复杂多变的问题时，孩子由于缺乏从多角度思考问题的训练，往往难以迅速找到有效的解决办法。

---

① 周岭. 认知觉醒 [M]. 北京：人民邮电出版社，2020：44.

（2）跨领域阅读的意义

跨领域阅读能极大地丰富知识储备。当孩子涉足历史类书籍，就仿佛踏入了一条波澜壮阔的时间长河，能够全面了解人类社会的发展进程。阅读《希利尔讲世界史》及《时间简史：儿童版》等图书，将历史类书籍与科普书籍结合，孩子的知识体系将得到全方位的拓展，既能知晓人类社会发展的脉络，又能理解科学技术在其中起到的推动作用。

跨领域阅读还能激发创新思维。不同领域的知识犹如不同颜色的颜料，相互碰撞、融合，能让孩子产生全新的思路。思维的跨界融合，就像为孩子的思维插上了一双翅膀，使其在未来的学习、工作及生活中，在面对复杂问题时能够从多个学科的角度出发，提出更多新颖、有效的解决方案，极大地提升孩子的综合能力与创新素养。

3. 互动式阅读：提升交流与表达能力

（1）互动式阅读的形式

亲子共读《城堡镇的蓝猫》，当读到蓝猫背负着传承河流之歌的使命却在阴云密布的城堡镇屡屡碰壁的情节时，家长可以轻抚书页，轻声问孩子："这只蓝猫明明可以选择回到森林过安稳的生活，为什么偏要留在对它充满敌意的小镇上呢？"如果孩子说："因为它答应了老艺人，要完成约定呀！"此时家长可以指着插画中蓝猫仰望星空的侧影引导："看，它爪子下的乐谱不仅是承诺，更是对抗黑暗的力量——就像故事里说的，当歌声响起时，连石头都会发光。这种坚持，是不是像我们对保护濒临失传的民间故事的坚持一样珍贵？"透过对话引导孩子逐渐领悟文化传承的艰辛与壮美，使孩子理解艺术能够穿透时空唤醒人性的光芒。书页间流淌的不仅是文字，更是几代人关于信念与勇气的精神共振。

角色扮演式阅读通过立体化演绎文学经典，能有效激发孩子对文本的深层理解。多维度的艺术实践不仅让抽象的人物关系网络在动态表演中清晰可感，更促使孩子深入剖析角色的动机，同步锻炼台词节奏把控、情绪层次递进及肢体符号设计等综合表达能力。

线上阅读讨论也是一种紧跟时代潮流的互动式阅读方式。在许多儿童阅读 App 或线上阅读社群，孩子都可以自由地分享自己的阅读心得，与来自不同地区、不同背景的小读者交流观点。通过这样的线上交流，孩子的视野得到了极大的拓宽，能够接触到不同孩子对同一本书的多元解读，从而加深对书籍的理解，同时也锻炼了自己在虚拟社交环境中的交流能力。

（2）互动式阅读对能力的提升

互动式阅读能显著提升孩子的交流能力。在亲子共读和角色扮演式阅读中，孩子需要清晰、有条理地表达自己对书中内容的看法、感受，同时认真倾听他人的观点，并做出积极的回应。在不断地表达、倾听与回应的过程中，孩子的交流能力得到了反复的锻炼和提升。

不同形式的互动式阅读，从书面文字表达和实际表演表达等多个方面，全方位地锻炼了孩子的表达能力，让他们在未来的学习、社交以及各种生活场景中，都能更加自信、流畅、准确地表达自己，更好地与他人沟通和交流。

第 3 节

阅读技巧：颠覆传统认知

传统阅读往往遵循从开篇到结尾的线性模式，而阅读技巧的世界远比我们想象得更丰富多元。当我们尝试突破固有认知，就会发现还有许多新颖的阅读方法，能帮助孩子以更高效、更有趣的方式理解书籍内容。

1.先读结论，逆向阅读

（1）逆向阅读的原理

长久以来，我们习惯了传统阅读方式，从书籍开篇逐字逐句读起，跟随作者的思路，按部就班地走向结论。可逆向阅读却打破了这种常规。它倡导直接跳到书的结尾，先把作者最终得出的结论搞清楚。这背后的原理与我们大脑的信息处理模式密切相关。一旦提前知晓了结论，大脑就好似被安上了一个特殊"导航"，在后续的阅读过程中，会主动搜索那些能支撑这一结论的证据、案例以及逻辑推导过程。

（2）逆向阅读的优势

逆向阅读能极大地提升阅读效率。如今，孩子的学习、生活节奏快，时间宝贵。在有限的时间里，逆向阅读能帮助孩子迅速抓住书籍的核心。如此一来，孩子能快速筛选出有用信息，原本可能需要几天才能梳理清楚的内容，现在一天内就能掌握关键，大大节省了阅读时间，让孩子在有限的时间内获取更多知识，为持续学习注入更多"养分"。

这种阅读方式还能激发深度思考。提前知道结论后，孩子在阅读过程中会不自觉地对其进行验证、质疑和补充，可以提升孩子的思辨性阅读能力与表达能力。

2. 摒弃逐字阅读，培养跳跃式阅读

（1）逐字阅读的缺点

很多孩子在刚开始阅读时，养成了逐字阅读的习惯，力求理解每个字词的含义。而这种阅读方式存在不少问题。第一，它极大地限制了阅读速度。大脑需要对每个字词单独进行识别和处理，阅读过程断断续续，根本无法连贯地理解文章内容，阅读效率低得可怜，很难在有限时间内获取足够的知识来充实自己，不利于阅读能力的持续提升。

第二，逐字阅读会让孩子难以把握整体文意。孩子过度关注单个字词，就像钻进了一片茂密的树林，眼里却只有一棵棵树，看不到整片森林，忽略了句子与句子、段落与段落之间的逻辑联系，所以建议孩子一年级后就不要指读。

（2）跳跃式阅读的技巧与应用

跳跃式阅读讲究依据阅读目的和文本的关键信息，有选择性地跳过一些不太重要的内容。对于那些孩子已经熟悉、起到辅助说明作用的段落，或者举例中过于冗长的细节描述，都可以快速跳过。阅读论述性文章时，孩子可以通过快速浏览段落开头和结尾的主题句，抓住段落主旨；要是已经理解了主旨，中间烦琐的论证过程也可适当跳过。阅读故事类书籍时，如果一些环境描写、人物外貌描写等细枝末

节不影响情节的发展，孩子要是能在脑海中大致想象出画面，也可以
适当跳过。

　　长期坚持练习跳跃式阅读，孩子的阅读速度会大幅提升，能在更
短的时间里阅读更多的书籍，拓宽知识面，让阅读能力随着阅读量的
增加而不断成长，为成为终身学习者提供有力支撑。每一次通过跳跃
式阅读涉猎更多书籍，都是在为终身学习积累知识财富，让阅读力在
广泛阅读与高效吸收知识的过程中持续生长。

3. 视觉化阅读：提升记忆与想象能力

（1）视觉化阅读的方法

　　视觉化阅读鼓励孩子在阅读时，把文字转化为脑海中的生动画
面。读一篇描绘田园风光的散文，当看到"金黄的麦浪在微风中轻轻
翻滚，像一片金色的海洋，远处的农舍烟囱里升起袅袅炊烟"时，孩
子可以在脑海里勾勒出一幅美丽的田园画卷，想象麦浪起伏的动态、
阳光洒在麦子上的明亮色彩，以及农舍炊烟缓缓上升的悠然场景。为
了让这种画面感更强，孩子还可借助简单的绘图工具，在书页边缘或
专门的笔记本上，用简笔画快速画出麦浪、农舍和炊烟的大致模样，
把脑海中的图像落到纸上。孩子可以先画几条波浪线表示麦浪，在波
浪线一端画一个小房子代表农舍，再在房子烟囱处画几道弯曲的线条
表示炊烟；通过这样简单的几笔，强化对文字的视觉记忆。

　　对于一些复杂的知识概念，像物理中的电路原理，孩子可以通过
绘制简易电路图来实现视觉化。在纸上画出电源、导线、开关、用电
器等元件，并用线条将它们连接起来表示电流路径，标注出电流方
向、元件名称和作用。比如，画一个长方形代表电池并将其作为电

源，用直线表示导线，画一个小圆圈加一条斜线代表开关，再画一个灯泡表示用电器；从电源正极出发，用箭头标注电流经过开关、用电器再回到电源负极的方向，并在旁边分别写上元件名称和简单的作用说明，如"电池：提供电能""开关：控制电路通断"。这样，原本抽象的电路知识就以直观的图形呈现，帮助孩子更好地理解和记忆。

读历史故事时，孩子可以制作时间轴来呈现历史事件的发展顺序。比如阅读有关中国古代朝代更替的内容时，在一条直线上依次标注夏朝、商朝、周朝等朝代的起止时间，在每个时间节点旁简要写下重要历史事件，像夏朝的建立、商朝的甲骨文出现、周朝的分封制推行等。通过这样的时间轴，孩子能清晰看到历史发展的脉络，强化对历史知识的记忆。可以用一条长直线表示时间线，在直线上方等间距标注朝代名称，下方的对应位置写下起止时间，如夏朝（约公元前 2070—约公元前 1600 年），并在旁边用简短语句描述重要事件，如"禹建立夏朝，其子启开始世袭制"。还可以用不同颜色的笔标注不同类型的事件，如政治变革用红色标注，文化成就用蓝色标注，让时间轴更清晰直观。

（2）视觉化阅读对能力的提升

视觉化阅读能显著增强记忆效果。大脑对图像的记忆能力远比文字强得多。把文字转化为图像后，孩子能更轻松地记住书中的内容。

视觉化阅读还能激发丰富的想象力。读科幻小说《流浪地球》时，孩子通过视觉化阅读，会在脑海中勾勒出被发动机推动的地球：巨大的推进器喷射着耀眼的等离子体巨柱，照亮黑暗冰冷的宇宙空间；地球表面被厚厚的冰层覆盖，城市轮廓在冰原下若隐若现，仅存的人类在灯光昏黄、弥漫着紧张与希望氛围的地下城中艰难求生。这些想象不受现实的过多限制，极大拓展了孩子的思维空间，培养了创新思维，让孩子在阅读中突破常规思维，创造属于自己的奇妙世界。

持续进行视觉化阅读能不断提升孩子的想象与创新能力，推动阅读能力向更高层次发展，助力孩子成长为充满创造力的终身学习者。记忆帮助他们积累知识，想象推动他们探索未知，让阅读力在两者的协同促进下持续生长，使孩子在终身学习的道路上不断创新、不断进步，以独特的视角探索知识的无尽奥秘。

第 4 节

多元阅读：超越传统界限

在数字技术与认知需求迭代的驱动下，多元阅读正超越传统纸书的界限，构建起融合互动性、跨媒介性与沉浸感的新型阅读生态。其中，游戏化阅读通过徽章奖励、解锁剧情等机制将叙事转化为互动旅程，使读者从被动接收者变为故事共建者；跨媒介阅读则打破单一载体的局限，推动同一内容在纸质书、有声剧、互动漫画、影视剧等形态间自由流转，形成"内容宇宙"；而沉浸式阅读借助虚拟现实或 AR 技术重构阅读场景，让读者能够"走进"敦煌壁画聆听历史故事，或者在 3D 场景中触摸虚拟典籍，将知识获取从平面解读升级为多感官沉浸体验。这些创新阅读形态既适配数字原住民的认知习惯，又以趣味性与参与感激活阅读的深层价值，让知识传承在破界融合中焕发新的生机。

1. 游戏化阅读：让阅读成为一种游戏

（1）游戏化阅读的设计原理

游戏化阅读的设计原理在于将阅读过程转化为具有挑战性的互动旅程。它借鉴游戏的闯关机制与奖励系统，将文本内容拆解为递进式任务单元，如将历史文本中的"三国鼎立"时期设为特定关卡，要求读者通过梳理官渡之战、赤壁之战等关键战役的时间线与人物决策，完成信息整合任务。完成任务可获得虚拟徽章、解锁剧情等反馈，这种即时性奖励机制激活了人类对成就的心理需求，促使读者在攻克任务的过程中深化对文本的理解。随着阅读的推进，任务难度梯度提升，如从"历史事件梳理"进阶到"人物性格剖析"，要求读者结合"北伐中原""三顾茅庐"等具体情节分析事件中人物的特质，在反复研读中实现阅读深度的突破。

（2）游戏化阅读对阅读兴趣的激发

游戏化阅读对解决孩子的阅读兴趣问题立竿见影。相较于传统阅读的单向输入，游戏化阅读通过情境化任务创造参与感。例如，在自然科学类读物的阅读中设计"植物大冒险"任务，读者需通过识别植物形态、生长条件等信息收集"植物精灵"徽章，这种目标导向的阅读行为将知识获取转化为具有趣味性的"通关"过程。在阅读冒险小说时，"帮助主人公寻找宝藏"的任务设置促使读者反复研读文本的细节，从对话与环境描写中提取线索，在主动探索中形成沉浸式阅读体验。在长期的实践中，这种模式通过持续的正反馈培养阅读习惯，使读者从"被动接受"转向"主动求索"，最终将阅读兴趣内化为终身学习的动力，实现阅读能力与知识储备的同步提升。

2. 跨媒介阅读：融合多种媒介资源

（1）跨媒介阅读的形式

跨媒介阅读把许多不同的媒介资源巧妙地融合在一起。其中一种常见的形式，就是把书籍与影视作品结合起来。比如，孩子先读了《哈利·波特》系列小说，在书里，他们能通过文字感受到魔法世界的奇妙，想象霍格沃茨魔法学校那神秘的样子、魁地奇比赛激烈的场景。等他们去看同名电影的时候，电影里精彩的画面、演员生动的表演，一下子就把书里的魔法世界活灵活现地呈现在眼前。孩子看着电影里霍格沃茨高耸的城堡、神秘的走廊，就会想起自己读文字时在脑海里构建的画面，两者一对照，对魔法世界魅力的感受更深了，对小说里人物的情感变化和故事发展也有了更清晰的认识，就好像走进了一个更真实、更丰富的魔法世界。

还有一种形式，是把书籍与线上学习资源融合起来。现在有许多特别好的教育网站和 App，上面有许多和书籍相关的拓展内容。孩子读科普书籍的时候，就能借助线上的 3D 模型、动画视频，把那些复杂的科学概念理解得更透彻。比如在学习太阳系的知识时，线上的 3D 太阳系模型十分神奇，孩子能通过操作屏幕，把模型放大、缩小，360 度观察行星的运转，清清楚楚地看到行星的自转、公转方向，了解它们和太阳的距离关系。这可比单纯看书上的平面图片和文字描述直观多了，使原本抽象的知识一下子就变得鲜活起来，孩子学起来轻松又有趣。另外，有声读物也是跨媒介阅读的重要部分。孩子在上下学的路上，或者在家做家务的时候，听着精彩的有声书，向耳朵里灌输知识，就好像进入了一个移动的阅读世界；把这些碎片化时间都充分利用起来，沉浸在知识的海洋里，阅读体验会变得更加丰富多彩。

（2）跨媒介阅读对知识理解的深化

跨媒介阅读对孩子理解知识的帮助非常大，不同的媒介有各自的优点，相互配合，效果超棒。就拿学历史来说，孩子读历史书籍，能知道历史事件的详细过程、因果关系等知识，但是有时候会觉得有点抽象。这时候，历史纪录片就派上用场了。通过观看纪录片，孩子能看到真实的历史遗迹，像秦始皇兵马俑，那壮观的气势、士兵们栩栩如生的神态，一下子就能让孩子对秦朝的军事力量和工艺水平有更直观的感受。再结合书籍里对兵马俑制作工艺、历史意义的阐述，孩子就能从多个角度去理解秦朝历史，形成更立体、更全面的认知，就好像给历史知识搭起了一个三维的框架，每一个细节都能看得清清楚楚。

跨媒介阅读还能大大拓宽孩子的知识视野。线上资源特别方便，孩子能轻松获取很多相关知识。比如读文学名著《红楼梦》，线上有丰富的学术文章、专家讲座视频，孩子通过这些，能了解曹雪芹的家族兴衰对其创作的影响，知道不同红学家对书里的人物关系、主题思想的不同解读。从不同的角度去看这部经典名著，孩子对它的理解就更深入、更多元了。这种多媒介融合的阅读方式，能让孩子从不同维度接触知识，把知识理解得更透彻，阅读力也能得到提升。孩子在这个过程中，不断从多种渠道获取知识，把不同媒介的信息整合起来，慢慢地就能形成一个更全面、更深入的知识架构，为终身学习打下坚实的基础。在面对复杂知识体系的时候，孩子也能融会贯通，不断拓展自己的认知边界，在对知识的多元探索中，持续提升阅读能力。

3. 沉浸式阅读：提升专注与感知能力

（1）沉浸式阅读的环境营造

要想实现沉浸式阅读，营造一个合适的环境十分重要。先说说家里：在房间的一角，放一个软软的沙发或舒服的坐垫，旁边再摆上一个书架，把孩子喜欢的书整整齐齐地放在上面。房间的灯光要柔和又明亮，太刺眼或太昏暗都不行，会影响孩子阅读。还要保持环境安静，把电视、音响这些可能产生噪声的设备都关掉。书架上的书，可以按照孩子的兴趣分类，像文学类、科普类、漫画类等，这样孩子想找书时，一下子就能找到。在沙发上放几个可爱的抱枕，孩子在阅读时靠着，能更放松。墙上还可以贴一些和书籍相关的海报，像经典文学作品的插画、科学家的画像，一进房间，就能感受到浓浓的阅读氛围，好像走进了一个知识的小天地。

在学校里，图书馆也得营造沉浸式阅读的氛围。书架的布局要合理，方便孩子找书。馆里设置一些舒适的阅读桌椅，周围贴上鼓励阅读的标语和精美的书籍海报。学校还可以定期举办"安静阅读日"活动，在这一天，图书馆里特别安静，背景音乐被关掉，工作人员都轻声细语，以引导孩子全身心投入阅读。图书馆里还可以设置不同主题的阅读区域，比如在科幻主题区摆上一些星球模型、机器人摆件，孩子一进去，就像走进了科幻世界；历史主题区就放一些古代文物的仿制品、历史地图，让孩子能迅速融入相应的阅读情境。另外，如今科技这么发达，还可以利用虚拟现实或 AR 技术打造沉浸式阅读空间。比如孩子在读科幻小说时，如果戴上虚拟现实设备，马上就能身临其境地感受到小说里宇宙飞船在星际间穿梭的震撼场景，还能与虚拟环境中的外星生物互动。这种沉浸式体验，能让阅读的趣味性和专注度大大提升，孩子就好像真的走进了书里的世界。

（2）沉浸式阅读对能力的提升

沉浸式阅读对孩子能力的提升效果特别明显，首先就是对于专注能力的提升。在那种安静、没有干扰的沉浸式环境里，孩子能全身心地投入阅读中。比如读一本难度更高的书，像《论语》，孩子就得高度集中注意力，一个字一个字地琢磨文言文的含义，理解孔子及其弟子的思想精髓。在安静的环境里，孩子能把杂念都摒除，深入思考其中的智慧，时间长了，就慢慢养成了专注的习惯。这种专注能力十分有用，孩子在课堂上学习或完成作业的时候，也能更专注，吸收知识的效率就更高，学习成绩自然也能提高。

沉浸式阅读还能增强孩子的感知能力。孩子读文学作品，如《简·爱》时，能深切感受到简·爱对平等和尊严的执着追求，体会她在面对爱情、困境时复杂的情感变化。这种强烈的情感共鸣，能让孩子对情感的感知力变强，在生活中也能更好地理解别人的情感，变得更善解人意。同时，沉浸式阅读还能提升孩子对文字的感知能力。读古诗词时，孩子能从"大漠孤烟直，长河落日圆"这样的诗句里，感受到边塞风光的雄浑壮阔，体会诗人用词的精准和意境的深远。通过提升专注与感知能力，沉浸式阅读能帮助孩子成为终身学习者。孩子在阅读力不断提升的过程中，能更深入地理解知识、感受世界，面对终身学习中遇到的各种知识挑战，都能从容应对，不断挖掘书籍里的宝藏，实现知识和精神的双重成长。

AI 应用 根据阅读偏好推荐跨领域阅读书籍

通过以下三个步骤，可以在 5 分钟内获得个性化跨领域书单。

第一步　输入偏好信息（1 分钟）

1. 明确关键词

输入阅读兴趣核心关键词（如"科幻小说""认知心理学"），并补充想拓展的领域方向（如"科学""经济学"）。

示例输入：我喜欢科幻小说，尤其是涉及宇宙探索的内容，也对历史故事中人物的传奇经历感兴趣，希望推荐与之相关的跨领域书籍。

2. 补充背景信息

可附加具体需求说明，举例如下。

- 想突破认知边界："推荐与经济学思维相关的社会学经典"
- 想建立知识网络："推荐连接心理学与人工智能的跨界读物"

第二步　选择 AI 工具并操作（2 分钟）

1. 推荐工具

ChatGPT、文心一言等通用对话 AI

2. 输入指令

你是一位精通跨学科书单推荐的专家，我的阅读兴趣是"XX 领域"，现在想拓展到"YY 领域"。请推荐 5 本兼具专业性和可读性的书籍，要求如下。

- 包含两个领域的交叉视角
- 书籍需真实存在且有权威性
- 标注每本书的核心价值点

示例输入：我喜欢冒险类故事，想拓展到古代历史领域，需要故事性强的书，请推荐结合这两个主题的书。

第三步 优化推荐结果（1～2分钟）

1.真实性核验

对于AI推荐的书籍，用豆瓣等平台验证评分和书评，排除虚构书目。

2.拓展调整建议

- 若推荐过于学术：追加指令"增加案例丰富的通俗读物"
- 若领域跨度不足：输入"再推荐2本突破常规分类的创新著作"

在这个信息如星河般璀璨的时代，阅读早已超越了书页的边界，成为一场永无止境的精神远征。当我们以批判性思维穿透文字表象，用跨领域视角编织知识经纬，借游戏化探索点燃求知热望时，阅读便化作一艘星际飞船，载着我们穿越时间的迷雾，跨越学科的星系，在思维的宇宙中自由遨游。

那些被深度阅读浸润的时光，终将沉淀为生命的年轮。当孩子在《小王子》的星际漫游中触摸孤独与爱的真谛，在《时间简史》的时空褶皱里聆听宇宙的心跳时，阅读便不再是简单的信息摄入，而是一场与人类文明的深度对话。每一次思维的碰撞、每一回认知的跃迁，都在重塑着我们理解世界的维度，让智慧的根系在心灵深处盘根错节。

当我们合上一本书，不是结束而是新的开始。那些被文字点燃的好奇心，终将化作探索世界的勇气；那些被深度思考磨砺的思维利刃，终将剖开未知的茧房。在这个终身学习的时代，让我们永远保持阅读的姿态，如同深海潜艇般潜入知识的深海，又像宇宙飞船般翱翔在思想的苍穹，在持续生长的阅读力中，遇见拥有无限可能的自己。

　　愿我们更懂孩子的心，耐心陪伴孩子，在孩子恰好需要的时刻，帮助他们发现为他们量身定做的好书——借由书这一桥梁，展开一场又一场深入心灵的对话，并最终化作他们生命中温暖的一部分，陪他们笃定地走向更远的未来。我想，这便是每一位家长心底最柔软的期盼。

附　录

阅读路上不孤单：听 7 位家长讲孩子的阅读故事

我投身定制化教育 20 多年，期间遇到过各种各样的家长和孩子。为了帮他们解决实际的阅读问题和成长问题，我经常会对家长、孩子们做简短的访谈。下面节选比较有代表性的 7 次访谈，希望读者读后能有所收获。

访谈 1 ▷

半小时拉锯战，作业挤压下的碎片化阅读

采访对象：刘阳[①]（广告公司创意总监，儿子 10 岁）

张老师： 刘先生，您好！作为广告公司创意总监，工作肯定特别忙，听说您在孩子阅读时间的安排上也有不少困惑，能详细讲讲吗？

刘阳： 张老师，您是不知道，我这工作经常加班，忙起来昏天黑地。孩子的妈妈也是，每天早出晚归。我家那儿子，每天作业本来就多，等我们忙完工作，想陪他阅读，却发现他作业刚写完，离睡觉就剩半小时左右了。可这半小时，他也不珍惜，一会儿摆弄摆弄笔，一会儿又走神，根本静不下心看书。

张老师： 广告行业确实忙碌，这种情况在很多家庭都存在，家长工作忙加上孩子作业多，严重挤压了孩子的阅读时间。那您和孩子聊过为什么不愿意好好利用这半小时阅读吗？

刘阳： 聊过，他说作业写得太累了，想放松放松，而且半小时时

---

① 本书采访者均为化名。

间短，感觉看不了多少内容，没什么意义。

张老师：孩子的想法能理解。我们可以尝试把这半小时进行细分，比如每 10 分钟为一个小单元，让孩子选择自己感兴趣的书籍片段阅读。像您儿子平时要是喜欢冒险类故事，就挑一段精彩的冒险情节，在 10 分钟内读完，然后和您分享感受。另外，利用碎片化时间，比如送孩子上学的路上，一起听有声书，把一些经典故事以音频形式播放，既不额外占用时间，又能让孩子接触阅读内容。就像您在工作中会把大项目拆分成小任务一样，阅读时间也可以这样处理。

刘阳：这个细分时间的方法不错，我之前都没考虑过。那有声书的话，怎么选择适合他的呢？

张老师：可以根据孩子平时喜欢的书籍类型来选，他喜欢冒险类故事，就找《汤姆·索亚历险记》《金银岛》等经典冒险题材的有声书。而且现在很多有声书平台都有针对不同年龄段孩子的推荐，您可以参考一下。同时，在孩子听完后，和他简单交流一下故事情节，加深他的理解，这有点像您完成广告项目后和团队复盘一样。

刘阳：好的，我回去就和孩子一起试试这些方法，希望能让他在有限时间里享受阅读。

张老师：在实施过程中，要注意不要给孩子太大压力，这半小时的阅读以轻松有趣为主。多鼓励孩子，哪怕每天只读一小段，也是一种进步。最重要的是要和孩子进行读后的交流，这就是思辨力训练的开始。

📖 阅读方法成效

刘阳回家后和儿子尝试新方法。起初儿子不太适应，可一看到喜爱的冒险故事，10 分钟内就沉浸其中，读完后兴奋地分享情节，还追问后续发展。上学路上听有声书时，儿子从刚开始的走神到被故事吸引，听完会和刘阳讨论角色在故事中的选择。慢慢地，儿子不再抵触这半小时，主动开启阅读。通过这种方式，儿子的阅读速度变快，能快速抓取关键情节，理解能力也得到提升，比如读完后能清晰复述故事脉络，还能推测主角下一步的行动，阅读力在点滴积累中逐步增强。

访谈 2

科普漫画迷与文学经典派的博弈

采访对象：王芳（小学语文教师，女儿 9 岁）

张老师： 王老师，您好！您本身就是语文老师，对孩子的阅读肯定格外关注，听说您的孩子在阅读书籍的选择上太过有偏好，能和我说说情况吗？

王芳： 张老师，我家 9 岁的女儿特别喜欢看科普漫画书，对那些文学经典类的书籍一点都不感兴趣。我自己教语文，知道文学经典对她的语文学习有帮助，可怎么引导她都没用。

张老师： 这种情况不少见，科普漫画确实画面生动、内容有趣，很吸引孩子。您作为语文老师，对孩子的阅读偏好应该有更深入的分析，您觉得孩子为什么这么喜欢科普漫画呢？

王芳： 她觉得漫画里的知识很新奇，画面也很有趣，看起来轻松，不像读文学经典那么费劲。

张老师： 那我们可以尝试把文学经典和科普漫画结合起来。比如找一些文学经典的漫画版，像《西游记》的漫画版，先让孩子通过漫画形式接触经典故事，引起她的兴趣。等孩子对故事有了一定了解，再给她看文字版的文学经典，对比阅读，让她发现文字版能带来更丰富的想象空间。另外，您在日常生活中，可以结合科普漫画里的知识，给孩子讲一些相关的文学典故，像科普漫画中提到月亮，就讲讲嫦娥奔月的故事，把两者联系起来，这是您在教学中常用的拓展方法，对孩子在家阅读也适用。

王芳： 这个方法挺新颖的，那怎么找到合适的文学经典的漫画版呢？

张老师： 您可以在网上搜索相关推荐，很多儿童阅读网站都有这类书籍的介绍；也可以去书店咨询店员，他们对各类书籍比较熟悉。在选择时，要注意漫画版的内容是否忠于原著，文字量是否适中，既能让孩子享受漫画的乐趣，又能对原著有初步理解，这和您筛选教学资料是一个道理。

王芳： 好的，我这就去给孩子找几本文学经典的漫画版图书，希望能让她爱上读文学经典。

张老师： 在引导过程中，不要强行让孩子放弃科普漫画，尊重她的兴趣，慢慢引导其增加文学类书籍的阅读。相信孩子会在阅读中发现文学经典的魅力。

阅读方法成效

王芳给女儿买了漫画版《西游记》，女儿被画面吸引，读完后主动要读原著。读原著时，女儿能对比出文字描述的丰富性，常和王芳分享感悟。王芳在生活中结合科普漫画讲文学典故，女儿听得专注，还积极提问。之后女儿不再只看科普漫画，开始主动探索文学经典，能将两者中的知识关联思考。这使她对文字的理解更深刻，写作文时能引用经典词句，还能从科普视角为文章增添独特见解，阅读力从单纯娱乐向深度思考与知识运用转变。

访谈 3

中英文阅读失衡危机

采访对象：林悦（外贸公司职员，女儿 11 岁）

张老师：林女士，您好！您从事外贸工作，日常接触很多外语信息，听说您的孩子在中英文阅读方面存在问题，能详细说说吗？

林悦：张老师，我家 11 岁的女儿的英文阅读还挺不错的，可中文阅读却让我发愁。她不太愿意读中文书籍，阅读、理解中文文章时也比较困难。我自己工作中英语用得频繁，在家里也一直注重对她英文阅读的培养，没想到中文阅读却掉队了。

张老师：这种中英文阅读发展不均衡的情况确实不少见。您在工作中对外语很熟悉，那您有没有分析过孩子中文阅读不行的原因呢？

林悦：我感觉可能是平时家里英文环境营造得太多了，中文阅读材料相对较少，而且她总觉得中文书没英文书有意思，很多经典的中文故事她都提不起兴趣。

张老师：我们可以尝试从多方面来改善这种情况。比如，根据孩子的兴趣，找一些她感兴趣的中文书籍。像如果她喜欢冒险，就找《鲁滨孙漂流记》的中文版，这类故事性强的书籍，情节精彩，容易吸引她。另外，利用一些中文阅读的线上平台，有些平台提供有趣的中文故事音频，还能通过小游戏的方式帮助孩子理解故事内容，增加阅读的趣味性。您也可以和孩子一起阅读中文书籍，遇到不懂的字词或难以理解的语句，和她一起探讨，就像您在工作中遇到外贸难题会深入研究一样。

林悦：这些方法听起来挺不错的，那怎么选择适合她水平的中文书籍和线上平台呢？

张老师：对于书籍，您可以参考孩子目前的语文学习阶段，选择略高于她现有水平的书籍，这样既能有一定挑战性，又不会让她觉得太难。很多儿童阅读网站都有按年龄和语文学习阶段分类的书籍推荐。对于线上平台，您可以在应用商店查看评价，选择一些功能丰富、口碑好的，也可以用奇趣读书测评报告中的书单。

林悦：好的，我回去就给孩子找一些合适的中文书籍，再研究研究线上平台，希望能提高她的中文阅读能力。

张老师：在孩子阅读的过程中，不要给她太大压力，不要一味强调阅读的结果，而是以培养兴趣为主。多鼓励孩子，当她能够认真读完一本中文书或对某个中文故事有自己的见解时，及时给予表扬和奖励。相信孩子的中文阅读能力会逐步提升。

📖 阅读方法成效

林悦给女儿选了《鲁滨孙漂流记》的中文版，女儿从畏难到被情节吸引，主动查问字词。同时，在使用有声故事书平台后，女儿通过听故事、玩游戏，对中文阅读兴趣大增。日常阅读中，女儿能更准确地把握文章主旨，理解复杂语句，积累了大量词汇；做阅读理解题时，正确率提高，写作时表达更自如。线上平台的互动功能锻炼了她的口语和思维，使她的中文阅读力稳步提升，也让中英文阅读趋于平衡。

访谈 4

男孩只喜欢读"恐龙书"吗

采访对象：赵宇（工程师，儿子 7 岁）

张老师： 赵先生，您好！工程师的工作需要严谨的思维，在孩子的教育方面您肯定也很用心，听说您的孩子是一个小小恐龙专家啊，能和我说说吗？

赵宇： 张老师，我家儿子 7 岁，只喜欢读关于恐龙的书，其他类型的书碰都不碰。我觉得这样阅读面太窄了，想让他尝试其他类型的书，可他就是不愿意。我在工作中接触了很多不同领域的知识，知道拓宽知识面的重要性，因此很担心孩子的阅读类型太单一。

张老师： 很多孩子在某个阶段会对特定类型的书籍特别着迷。我们可以尝试把其他类型的书籍和恐龙元素结合起来。您知道孩子为什么这么喜欢恐龙书吗？

赵宇： 他说恐龙很神秘、很厉害，书里的恐龙故事特别有趣。

张老师：那您可以找一些带有恐龙元素的科普书，比如介绍恐龙生活时代的生态环境的科普读物，让孩子在了解恐龙的同时，接触其他知识。还可以找一些以恐龙为主角的冒险故事书，像《恐龙大冒险》，这类书既有孩子喜欢的恐龙元素，又有精彩的冒险情节。另外，您可以带孩子参加一些阅读活动，在活动中展示不同类型的书籍，让孩子看到其他小朋友阅读不同书籍的乐趣，这和您参加行业交流活动以拓宽视野类似。

赵宇：您的方法挺有道理的，那具体怎么做才能让孩子逐渐接受其他类型的书籍呢？

张老师：不要强迫孩子立刻放弃"恐龙书"，而是在他阅读"恐龙书"的同时，穿插着给他介绍其他相关书籍。比如在他读完一本"恐龙书"后，和孩子说："你知道吗，恐龙生活的那个时代，还有很多有趣的植物，我们看看这本关于史前植物的书。"同时，多鼓励孩子尝试新的书籍，当他愿意翻开其他类型的书读一读时，及时给予肯定和奖励，就像您在工作中鼓励团队成员尝试新方法一样。还可以通过参加读书活动，让孩子接受更多其他类型图书的信息。

赵宇：好的，我回去就试试这些方法，希望能拓宽孩子的阅读面。

张老师：在引导过程中要有耐心，孩子阅读兴趣的拓展需要时间。多关注孩子的反应，根据孩子的喜好调整书籍选择。相信孩子会发现更多类型书籍的魅力。

📖 阅读方法成效

　　赵宇给儿子找了含恐龙元素的科普和冒险类图书，儿子立刻被吸引，在读科普类图书了解了恐龙的生活环境后追问相关知识。在参加阅读活动后，儿子受其他孩子影响，在赵宇鼓励下尝试阅读关于宇宙的书籍。如今儿子书架上的书籍种类丰富，阅读面拓宽；逐渐从不同书籍获取知识，对科普原理深入思考，还能感受冒险故事中的情感线索。儿子读完关于宇宙的书籍后能给伙伴讲星球知识，逻辑思维和知识迁移能力提升，阅读力不再局限，实现了多元发展。

访谈 5

孩子模仿书中的危险情节

采访对象：陆峻峰（消防员，儿子 9 岁）

张老师：陆先生，您好！作为消防员，您对危险有着敏锐的感知力和丰富的应对经验。听说您家孩子在阅读方面出现了一些令您担心的状况，能跟我讲讲吗？

陆峻峰：张老师，他可把我吓得不轻。他看了一本冒险类儿童读物，书里有主角从高处往下跳的情节。他居然照着书里的样子，爬到家里的沙发靠背上往下跳，幸亏我发现得及时，要不然真不敢想会出什么意外。我特别担心他以后还会模仿书里的其他危险行为。

张老师：这确实太危险了！这个年龄段的孩子对危险缺乏准确判断，很容易受书中情节影响。您平时会留意孩子阅读书籍的内容吗？

陆峻峰：之前没太关注，想着儿童读物应该没什么问题。而且孩子喜欢看书，我也挺支持的，没想到出了这种事。

张老师：咱们得重视起来。您本身是消防员，在安全知识方面特别专业，您可以和孩子一起阅读。阅读过程中，一旦碰到可能存在危险行为的情节，就利用您的专业知识，给孩子详细讲解。就拿从高处跳的情节来说，您可以结合在消防队救援时遇到的因高处坠落受伤的真实案例，给孩子讲讲人从高处跳下可能骨折、受伤，会给身体带来极大痛苦，让孩子清楚地明白现实和书中情节的区别。另外，在给孩子选书时，您可以凭借对危险的敏感度，仔细筛选，选择内容积极、安全、符合孩子认知水平的书籍。日常多给孩子讲讲生活中的安全常识，比如用火用电安全、发生火灾时如何正确逃生等。毕竟您在消防工作中积累了大量实用知识，这样做可以提高他的自我保护意识，这和您在消防工作中预防火灾隐患是一个道理。

陆峻峰：我之前都没意识到选书和引导阅读这么重要，那怎么能让孩子在享受阅读乐趣的同时，又不会去模仿危险行为呢?

张老师：关键得选对书。多观察孩子的兴趣点，要是他喜欢动物，就选些关于动物习性、保护动物之类的书籍，这类书一般不会有危险情节。孩子阅读后，您可以带他去动物园，让他实地观察书中提到的动物，回来后和他交流书中有趣的动物故事，引导他思考动物的聪明之处以及如何保护它们，把他的注意力从可能的危险情节转移到知识和情感收获上。当孩子因为阅读健康积极的内容有所感悟、收获时，及时给予肯定和鼓励。您在消防队完成艰巨的救援任务时肯定充满成就感，把这种感觉传递给孩子，比如孩子说出对保护动物的新想法，您可以夸奖他很有爱心、想法独特。

陆峻峰：好的，我回去就和孩子一起重新选书，多和他交流阅读，希望能避免他再模仿危险行为。

张老师：在引导过程中，要耐心和孩子沟通，让他明白阅读是为了学习知识、获得快乐，而不是模仿危险动作。利用您的职业优势，给孩子创造一个安全、健康的阅读环境，相信孩子会在阅读中茁壮成长。

📖 **阅读方法成效**

陆峻峰和孩子选择了关于动物的书籍，孩子认真阅读，父子俩经常交流动物习性。去动物园对照书本观察后，孩子对动物的理解加深，回家后一心想多了解动物知识，不再模仿危险动作。阅读中，孩子观察力提升，能对比书中与现实动物的特征，讲述知识时语言表达进步，还学会了提取关键信息，理解动物行为的原因，阅读力得到正向发展；在阅读其他类型的图书时也能保持思考习惯，阅读效果明显改善。

访谈 6 ▶

ADHD 儿童的动态阅读法

采访对象：郑女士（幼儿园老师，儿子 10 岁，患有 ADHD[①]）

张老师：郑女士，您好！您说孩子在阅读方面有一些特殊情况，

---

① Attention Deficit Hyperactivity Disorder，全称为注意缺陷多动障碍，是一种以注意力无法持久集中、过度活跃和情绪易冲动为主症的神经发育障碍。

能跟我讲讲吗？

郑女士：张老师，我家 10 岁的儿子患有注意缺陷多动障碍，也就是 ADHD，他在阅读时很难集中注意力，一会动这儿一会动那儿，很难专注于书本内容。我自己在幼儿园工作，接触过很多孩子，可面对自己孩子的这种情况，还是很无助。

张老师：对于 ADHD 儿童的阅读问题，确实需要一些特殊的方法。您有没有尝试过一些方式来帮助孩子集中注意力阅读呢？

郑女士：试过一些，但是效果不太好。我让他坐端正认真读，没一会他就开始走神，根本没办法好好读下去。

张老师：我们可以采用动态阅读法。比如，根据孩子喜欢动的特点，他属于动觉型学习者，所以要选择一些互动性强的书籍，像立体书、翻翻书，让孩子在动手操作的过程中阅读。另外，设置一些阅读小游戏，比如让孩子在阅读故事时，每读完一段，就用小道具摆出故事中的场景，增加阅读的趣味性和参与感。您在幼儿园工作，对这类互动活动肯定很熟悉，运用到自己孩子身上也会更得心应手。

郑女士：这些方法听起来很有趣，可具体怎么实施呢？

张老师：您可以先挑选一本孩子感兴趣的互动性书籍，比如动物主题的翻翻书。阅读时，和孩子一起翻开每一页，让他观察画面，然后您读出文字内容，读完一段后，让孩子用准备好的动物玩具摆出这一段描述的场景。阅读时间不要一开始就很长，根据孩子的注意力情况，从 5 分钟开始，逐渐延长。同时，在孩子专注阅读的过程中，及时给予肯定和鼓励，比如亲亲他、夸夸他。

郑女士：好的，我回去就试试这些方法，希望能对孩子的阅读有帮助。

　　张老师：在实施过程中，要有足够的耐心，ADHD 儿童注意力的改善需要时间和持续的努力。多观察孩子的反应，根据孩子的情况调整阅读方法和时间。相信通过合适的方法，孩子的阅读情况会有所改善。

📖 阅读方法成效

　　郑女士和孩子读动物主题的翻翻书，孩子从坐不住到被动手环节吸引，专注时间从几分钟延长到十余分钟，读完能主动分享对动物行为的理解。动态阅读法锻炼了孩子的手眼协调能力，让孩子在搭建场景的过程中发展空间与逻辑思维，在与郑女士的互动中提升语言表达。孩子能清晰描述场景，想象后续情节，想象力和创造力被激发，阅读力提升。阅读力的提升也让孩子的课堂专注度和参与度有所提高。

> 访谈 7

二宝难题：不同年龄段的共读策略

　　采访对象：刘女士（小学班主任，女儿 6 岁，儿子 3 岁）

　　张老师：刘女士，您好！您作为小学班主任，在教育孩子方面肯定很有经验，可听说您在两个孩子的阅读上也遇到难题，能详细说说吗？

　　刘女士：张老师，我家女儿 6 岁，儿子 3 岁，我想让他们一起阅读，可两个孩子年龄差距大，喜好和理解能力都不一样，很难找到适合他们一起读的书和共读方法。我在学校教学生阅读有一套方法，可面对自己家的两个孩子，有点无从下手。

张老师：二宝家庭的共读确实需要一些特别的策略。您有没有尝试过根据两个孩子的特点选择书籍呢？

刘女士：试过，给女儿选的书儿子看不懂，给儿子选的书女儿又觉得太幼稚，很难平衡。

张老师：我们可以选择一些有不同层次内容的书籍，比如一些经典童话故事的绘本，文字部分适合 6 岁的女儿阅读和理解，画面部分色彩丰富、形象可爱，3 岁的儿子可以通过看画面感受故事。共读时，先让女儿用她自己的语言和理解给儿子讲一遍故事，然后您再用更完整准确的语言讲一遍，这样既满足了女儿当"小老师"的愿望，又能让儿子接触到故事内容。另外，选择一些互动性强的阅读活动，比如读完故事后，一起用彩泥制作故事中的角色，两个孩子都能参与。您在学校组织过很多阅读活动，这些方法您应该很容易上手。

刘女士：这些方法不错，可怎么保证两个孩子都能积极参与呢？

张老师：在活动过程中，多鼓励两个孩子表达自己的想法。对于女儿，鼓励她分享对故事的理解和感受；对于儿子，即使他表达得不太清晰，也要认真倾听和肯定。在制作彩泥角色时，不要对他们的作品有过高要求，重在参与和享受过程。根据他们的表现，给予一些小奖励，比如贴纸，综合两个孩子的年龄特点，做得好的可以多一些，做得稍差的少一些，让表达好的有成就感，表达稍差的也不会觉得被忽视。

刘女士：好的，我回去就试试这些方法，希望能让两个孩子都爱上共读。

张老师：在实践过程中，要根据两个孩子的实际反应及时调整方法。每个孩子都是独特的，多关注他们的需求，相信您能找到最适合自己家庭的共读策略。

> ### 📖 阅读方法成效
>
> 　　刘女士选经典童话的绘本共读，女儿乐于给弟弟讲故事，融入想象，弟弟听得专注。用彩泥制作角色时，女儿细致，弟弟开心。鼓励分享想法后，女儿深入分析故事，弟弟也能简单地表达喜好。共读让女儿的语言和分析能力提升，也培养了弟弟的阅读兴趣和专注力，两人都积累了更多词汇。一段时间后，女儿的故事讲述更出色，弟弟的语言表达进步，家庭共读氛围浓厚，助力两个孩子的阅读力稳步提升，为他们的成长奠基。

　　在这些丰富多样的阅读访谈中，我们见证了不同家庭、不同孩子在阅读旅程中遭遇的形形色色的难题，也一同探寻了众多实用且充满智慧的解决办法。无论是忙碌家庭在作业挤压下争分夺秒的阅读尝试，还是在不同书籍类型、阅读方式间纠结的选择困境，抑或是因孩子的特殊情况、家庭的代际差异引发的阅读困扰，都让我们深刻意识到，阅读教育并非千篇一律的模板，而是一场需要因材施教、精心雕琢的艺术创作。

　　个性化定制教育的意义便在于此，它关注每一个孩子的独特个性，重视每一个家庭的具体情境，力求为每一个阅读难题找到最契合的解决方案。希望通过这些宝贵的经验分享，能为广大家长点亮一盏明灯，使他们在陪伴孩子阅读的道路上不再迷茫与困惑。让我们共同期待每一个孩子都能在阅读的广袤天地中找到属于自己的乐趣与收获，在知识的滋养下茁壮成长，书写属于他们的独一无二的精彩篇章。

与 AI 共生，
培养未来不可或缺的新阅读力

　　窗外的树叶沙沙作响，仿佛在诉说着时光的故事。当我提笔写下这篇后记时，心中涌动的不仅是完成一本书的喜悦，更是对阅读与成长交织的岁月的深深感怀。这本书，是我与无数孩子、家长、教育者共同走过的旅程，也是我对阅读与未来的一次深情凝望。

　　AI 的浪潮席卷而来，像一阵疾风，吹动了儿童阅读的版图。它带来了前所未有的便利与可能：孩子们可以通过 AI 找到最适合自己的书籍，AI 仿佛有一位智慧的向导，为他们打开一扇扇通往未知世界的门；沉浸式的互动阅读体验，让文字不再是冰冷的符号，而是跃动的画面、声音与情感的结合。然而，科技的进步也带来了新的困惑：信息如潮水般涌来，碎片化的阅读让深度思考变得稀缺。我们如何在技术的洪流中，守护孩子们对阅读的热爱与专注？这是时代赋予我们的课题，也是我写作这本书的初衷。

　　在写作的过程中，我常常想起那些与我分享阅读故事的孩子。他们来自不同的家庭，有着不同的背景，却在阅读中找到了共同的快乐，实现了成长。有一个叫棠棠的女孩，曾经对阅读毫无兴趣，直到她在 AI 推荐的互动绘本中，第一次感受到了故事的魔力。她告诉我："书里的世界比我想象的还要大。"还有一个叫天乐的厦门男孩，通过 AI 辅助的阅读工具，从沉默寡言变得乐于表达，经常在课堂上提出了让老师惊叹的见解。他读书读到停不下来，每天的读后分享甚至激发了妹妹的阅读兴趣。这些孩子的故事，让我更加坚信：阅读不仅是获取知识的途径，更是塑造人格、开阔视野的桥梁。

为了让这本书更具深度与实用性，我翻阅了大量教育心理学、儿童心理学的文献，从理论中找到实践的支撑。同时，我也走进了许多家庭与课堂，倾听家长与教育者的心声。他们告诉我，AI 时代的阅读，既需要技术助力，也需要人文关怀。我们既不能让工具取代思考，也不能让效率掩盖深度。阅读的本质，始终是心灵的对话与成长。

这本书，是我对 AI 时代的儿童阅读的一次探索，也是我对未来教育的一份期许。我希望它能成为家长与教育者的指南针，帮助他们在这个充满变革的时代，找到引导孩子阅读的方向。无论是通过 AI 为孩子量身定制阅读计划，还是在课堂上创新教学模式，我们都应记住：阅读的终极目标，是让自己通过阅读认识世界，才会在未来让世界认识自己。

最后，我想对每一位翻开这本书的读者说：AI 工具日新月异，其形式与功能在不断迭代更新，然而，我们通过 AI 提升阅读力的方法不会变，对阅读的热爱也永远不会变。愿每一个孩子，都能在阅读中遇见更好的自己，在未来的世界里，勇敢追梦，拥抱无限可能。

张芳

2025 年秋

参考文献

［1］赵国宏．AI 时代人机协同，共创个性化教育环境［J］．中小学信息技术教育，2024，（8）：1.

［2］中华人民共和国教育部．义务教育语文课程标准（2022 年版）［S］．北京：北京师范大学出版社，2022：4-5.

［3］张燕华，郑国民，关惠文．初中生语文阅读能力表现研究［J］．教育学报，2015，（6）：83.

［4］加德纳．智能的结构［M］．沈致隆，译．北京：中国纺织出版社有限公司，2022.

［5］刘永康．格式塔整体性原则在阅读教学中的运用［J］．四川师范大学学报（社会科学版），2004，（4）：20.

［6］陶云，高飞．皮亚杰理论对教育的主要影响［J］．云南师范大学学报（哲学社会科学版），1993，（3）：65.

［7］陈苗苗，李岩．1000 天阅读效应［M］．北京：中国妇女出版社，2019：82-110.

［8］赵芝琴．幼小衔接视角下的幼儿园早期阅读能力培养策略探析［J］．中文科技期刊数据库（文摘版）教育，2025，（1）：95.

［9］皮亚杰．教育科学与儿童心理学［M］．傅统先，译．北京：文化教育出版社，1981：157-158.

［10］周岭．认知觉醒［M］．北京：人民邮电出版社，2020：44.